包政管理经典

管理的本质

包政—— 著

机械工业出版社
China Machine Press

图书在版编目（CIP）数据

管理的本质 / 包政著 . —北京：机械工业出版社，2018.4（2023.1 重印）
（包政管理经典）

ISBN 978-7-111-59495-6

I. 管… II. 包… III. 企业管理 IV. F272

中国版本图书馆 CIP 数据核字（2018）第 052340 号

　　自工业化以来，管理逐渐浮出水面，并得到工商界、学界以至整个社会的重视。虽然其肇始于分工理论，如西方效率工程师的动作研究，但所幸的是，自巴纳德开始从组织层面思考，从而使得每个人有活力，整个组织有活力。由此，一百多年来管理学家沿着这个脉络逐渐推进，逐渐深入。本书首先提出了管理的基本命题；然后，从泰勒、法约尔到巴纳德、西蒙以及德鲁克这些管理学大家的理论中梳理出对管理基本命题的思考，并指出其理论对在哪里，错在哪里；最后，作者提出了管理的基本概念，既回答了管理的基本问题，也对管理做了清晰的定义。

管理的本质

出版发行：机械工业出版社（北京市西城区百万庄大街 22 号　邮政编码：100037）

责任编辑：岳晓月　　　　　　　　　　　　　　责任校对：殷　虹

印　　刷：保定市中画美凯印刷有限公司　　　　版　　次：2023 年 1 月第 1 版第 6 次印刷

开　　本：170mm×230mm　1/16　　　　　　　印　　张：15

书　　号：ISBN 978-7-111-59495-6　　　　　　定　　价：59.00 元

客服电话：（010）88361066　68326294

前言

管理是什么

我读过丹尼尔的《管理思想史》，说句老实话，不满意。它既没有底层概念，也没有内在逻辑。我不知道外国人读了以后会有什么感觉，反正我读完了脑子是一团糨糊。能把管理学读明白的人不是很多，绝大部分人不知道管理这门学问因何而来。

德鲁克说，管理是组织的一个器官。这说明管理是因组织而来，是为了维持组织的正常运行。管理本身没有目的性，它的职能是统一组织，统一组织的正常运行。这意味着不能为管理而管理，不能向管理要效率，而是要通过组织提高效率。管理只是有效组织的一种工具，只是组织有效性的一种工具。

从历史的逻辑上看，管理这门学问是从泰勒开始的，那个时候只有分工理论，还没有组织理论。所以，我们还不能说管理因组织而来，而应该说管理因分工而来，是为了弥补分工理论的缺陷而来。

分工导致的结果是供求分离，在工厂内部就是上道工序和下道工序之间的分离，需要把它变成一个整体，即"一体化"。一体化就是组织，一体化的状态就是组织状态。

分工原本应该与组织对应。然而，历史却阴差阳错，由于组织理论的缺失，分工对应的却是管理。等到巴纳德的组织理论问世，管理又进一步与组织相对应。

看过巴纳德《经理人员的职能》的人会产生一个疑问：他讲的究竟是组织理论，还是管理学？有管理学者把巴纳德的思想归入管理学的协同理论，似乎两者是一回事。如果是一回事，那他何必又写了一本书《组织与管理》呢！显然组织与管理是两码事。

合理的解释应该是，只有当我们弄清楚组织的机理之后，经理人员才能够通过自己的职能工作，赋予组织应有的机能，简称"赋能"。并且我们可以这样认为，这项管理赋能工作的核心内容应该是，协调人与人之间的劳动关系和利益关系。接下来，我们只需要仔细地研究或弄清楚组织和管理的边界就可以了。

至此，我们似乎已经把以往的概念梳理清楚了，即管理的产生是为了解决分工之后的一体化问题，以弥补组织理论的缺失，等到组织理论问世之后，管理就成了组织的一项职能。

我所知道的组织理论有巴纳德的《经理人的职能》、西蒙的《管理行为：组织中决策过程的研究》、德鲁克的《公司的概念》。三位大师的理论风格不同，巴纳德有哲学范儿，西蒙有经济学范儿，德鲁克有社会学范儿。

"公司的概念"就是"企业的性质"，从词义学上说，两者是同一个意思，"公司"和"企业"这两个名词是可以通用的。概念往往是由事物的性质定义的，科斯写了一篇传世的文章，取名就是《企业的性质》。

在这些大师那里，工商企业、企业、公司、机构、生产者、供应者等，都可以理解为一个组织，前者是具象的，后者是抽象的。在巴纳德那里，组织就是协调的协同关系体系，其他物理学意义上的东西都被抽象掉了。

如此说来，一系列新的问题就产生了。管理难道就是组织的职能吗？管理就是组织的一个器官吗？管理职能就不管分工了吗？一个工商企业或一个组织机构难道不包含着分工吗？没有分工哪来效率，没有分工哪来协同，没有分工哪来组织？

由此而论，分工理论与组织理论是不能单独成立的，分工与组织是不可以分开讨论的。法约尔在管理的 14 项原则中重点强调了分工原则，第一条原则就是分工原则。

退一步说，我们现在这个产业社会，是从斯密的分工理论开始的；产业社会的物质文明进程及其创富能力，也是从工商企业的分工开始的。

再往前说，一万年前，人类社会开始进入"自然分工"的状态，劳动生产率因此获得了提高，创富的能力获得了提高。财富的质量和数量都获得了提高，这才有了斯密"自觉分工"的理论，有了人类社会创富的财智。

这里的关键在于，"分工"不是一个简单的动作，而是人与人之间的劳动关系。这种分工劳动的关系是建立在社会交往的关系之上的，有了这种社会交往的关系作为基础或前提，分工劳动的关系才能够成立，参与劳动分工的人们才能够有良好的预期，才能在预期的分工一体化关系体系中，发挥个人的才干，谋取最大的个人价值。

可以说，过去我们把工商企业理解为一个组织是不对的，或者说，组织这个概念是有缺陷的。应该把组织理解为"一体化的关系体系"，把工商企业理解为"分工一体化的关系体系"。

尽管德鲁克在《管理》一书中明确指出，"分工是实现社会目标的一种有效工具"。但是很遗憾，他只说过"管理是组织的一项职能"，没有说过"管理是分工的一项职能"，更没有说过"管理是分工一体化关系体系的一项职能"。

这是以往理论的缺陷，无论是经济学还是管理学，无论是组织理论还是管理学，都没有把这两者对应起来，没有建立起分工及其一体化的理论，没有建立起基于分工和组织的企业理论。当然，更没有建立起基于分工和组织的产业理论，而是把企业间分工一体化关系的建立交给了看不见的手去协调，即市场协调，通过市场价格的竞争协调供求关系。

这样说我们就能理解，为什么迄今为止无法对管理学的基本概念"管理"进行准确的定义。为什么管理学要么跟着分工理论走，代替组织理论，去处理分工之后的一体化命题；要么跟着组织理论走，成为组织理论的一部分，并导致管理职能的扩大化，混淆了组织机理与管理职能之间的关系。本书将对这些问题给予剖析及解答。

包政

2017 年 10 月 12 日

目　录

第 1 章
管理的范畴

管理世界就像宇宙一样浩渺无边，像宇宙一样在膨胀。我相信，没有人能够把管理世界的书都读完，穷其一生都不可能读完。

百年管理思想史，学说林立，莫衷一是。学习管理犹如进入丛林探险，很少有人学明白。人们希望管理世界是收敛的，哪怕有一张指导学习的地图也行。

大部分人并不想穷尽这个世界，只是想把一些基本概念区别清楚。首当其冲的就是：企业与管理是什么关系，或者组织与管理是什么关系？两者究竟是一回事还是两回事？两者究竟存在着什么样的联系和区别？

1

管理的基本命题

管理的基本命题来自管理的实践。管理实践中的问题很多，每天都有，到处都是。

按照德鲁克的说法，管理就像一盘下不完的棋。不像爱情小说所描述的那样，有一对恋人历经千辛，战胜了恶魔，后来就永远幸福地生活下去了。

作为管理的理论学科，只能探索其中的核心命题：调动劳动者的工作动机。剩下的只能交给管理的应用学科去做了，如生产管理、质量管理、财务管理、人力资源管理等。

这个命题的提出，与亚当·斯密的理论缺陷有关。他认为，工商业主只要让渡利息就可以获得资本的使用权，让渡地租就可以获得土地的使用权，让渡工资就可以获得劳动力的使用权。也就是说，通过市场交易法则，获得生产三要素（资本、土地和劳动力），创造物质财富，获取剩余价值或利润。

斯密理论的要害是分配，把分配权交给老板或工厂主，同时把劳动者变成生产要素。老板或工厂主就成了配置资源的人，具有任意处置的分配权，利润或剩余价值就成了配置资源的结果，成为老板的权益。

但是，这个主张并不符合真理，并不符合天道。

真理何在？显而易见，劳动力不是商品，不能把劳动者说成劳动力，不能把劳动者当作资源，与资本和土地相提并论。

工厂主支付了工资，并不能获得劳动力的使用权，劳动力的使用权永远归劳动者；劳动者获得了工资，依然是自己劳动力的支配者和使用者。劳动力无法从劳动者的身体中让渡出去，工厂主必须通过劳动者本人来使用劳动力。

天道何在？把劳动力作为商品并不公平，并不符合社会公平的原则。

一般而言，在自由的商品交易中，交易双方都是自由缔约人，遵循诚实守信、等价交换的原则。任何卖方在出让商品的时候，都会守住成本底线，力争获取利润。在劳动者一无所有，只能把劳动力当作商品出售的情况下，公平交易的原则就很难成立。

劳动者几乎丧失了讨价还价的谈判地位，并且劳动者根本守不住成本底线，劳动力往往被过度使用，如延长作业时间、增加劳动强度等。有资料表明，19 世纪的劳工，平均寿命只有 40 岁。

顺便提一下，迄今为止，很多人依然把工作者当作人力、当作资源纳入管理的范畴加以开发和利用，称作人力资源管理。这是主流经济学的思想，不符合管理的实践。按照德鲁克《管理》一书的说法，富有责任心的员工队伍是企业的财富，是企业创造财富的源泉和力量所在。

有伟人把劳动力当作商品是一大发明。发明和发现是两回事，人类可以发现真理，但不能发明真理。发明是人之所为，是斯密价值立场的需要。

这原本是经济学的命题，与企业的管理没有太大瓜葛。然而，斯密的创富学说恰恰是建立在高度专业化分工的基础之上。这就给企业带来一个重要的问题，分工之后如何变成一个整体，即一体化。

对经济学来说，分工之后的一体化不是个问题。西方社会有契约精神，以及基于基督教义的职业精神，外加社会性的制度安排。遵守工厂纪律是天经地义的。无论劳动者是不是商品，一旦进入工厂就可以视同为要素，就要服从管理。1937 年，科斯写了一篇文章《企业的性质》，依然持有这种理所当然的理念。

然而，对企业的实践者来说，这确实是一件大事，是一个大问题。如果有一个劳动者不好好干，或者有一个环节掉链子，就意味着整个分工体系的各个环节都得停下来，整体就会失效，可谓牵一发而动全身。

这种事情还真的发生了，典型的就是磨洋工。磨洋工这种事情很好理解，因为劳动者和老板不在一个利益平台上，劳动者拿工资，老板或工厂主拿利润。工资高了，利润就少，老板就不乐意；工资低了，劳动者就不干。两者都在算各自的投入和产出，都在谋求更高的"产出／投入比"。劳动者提高"产出／投入比"的最有效方法就是出工不出力，极端地说，劳动力消耗为零，投入为零，那么即便工资不高，劳动者的"产出／投入比"也能趋于无限大。

对老板来讲，自然的命题就是：如何防止劳动者出工不出力？如何让劳动者多出力？

2
管理理论的产生

工厂中的工程师居然想出了一个有效的办法，把"计时工资"转变为"计件工资"。过去，干一天活儿给一天工资，按时间计酬。

一般每日工资为 1 美元。换算成"工时定额"，规定一天生产多少件合格产品，每件的报酬是多少。如果一天 100 件产品，那么每件就是 1 美分。如果一个劳动者一天完成了 200 件产品，折算成计时工资，那么日工资就是 2 美元；如果只完成了 50 件产品，那么日工资就是 0.5 美元。

开始时，劳动者的积极性确实提高了，而且普遍超额完成任务，获得了更多的工资报酬。不久，资方觉得不划算，发现随着产量的提高，劳动者对每件产品的利润贡献是递减的。于是，就调高工时定额，提高单位小时的产量，这等于是降低小时工资，降低工资支付率。

结局可想而知，劳动者不干了，这叫水涨船高、鞭打快牛，谁都受不了。资方有权调高工时定额，劳方有权维持现状，彼此顶上牛了。

泰勒是有理论素养的工程师，他认识到，在工时定额上必须劳资两利方可持续，必须在降低劳动力消耗的同时，减少作业时间的消耗。具体方法就是，通过省掉多余的动作，减少劳动者的体力消耗，同时减少老板的时间消耗。

减少多余的动作，使劳动者能以同样的体力消耗完成更多的作业，提高单位小时的工资水平。减少多余的动作，可以提高每个劳动者单位时间的产量，提高工厂的劳动生产率水平。当然，前提是稳定工时定额，稳定工资支付率，否则劳动者就会不配合。

泰勒是工程师出身，骨子里相信科学。科学意味着客观公正，意味着排斥人为的因素和感情色彩，并相信依靠科学理性确立的规则容易被劳资双方接受，容易成为劳资双方合作的基础。

泰勒的具体方法是，用高速摄影机记录并确定一件产品（也称作一项作业）究竟需要几个动作，每个动作需要多少时间，从而使工时定额的确定合乎科学理性。

泰勒把劳资两利的思想形象地比作馅饼，也称馅饼理论，即劳资双方应该首先考虑合作，一起把馅饼做大，然后再考虑如何分割利益。只要馅饼做大了，分割就会变得容易，否则，很容易在利益的分割上纠缠，把做大馅饼的事给耽误了。

泰勒很清楚，劳资之间的利益对立是根本，仅仅用物质利益加以刺激是不够的，是难以持久的，必须着眼于缓解劳资之间的对立关系。

在后来的十多年里，理论研究偏离了劳资两利的主题，而是一直在探索如何调动劳动者的工作热情和动机。直到霍桑实验，才触摸到了事情的本质，即每个劳动者与企业到底是什么关系。

3
理论研究的推进

从加尔布雷斯夫妇开始，研究深入身心两个层面上，通过降低劳动者的疲劳去维持他们的工作热情。

随着心理学（主要是工业心理学）的应用及其有效性，老板及其经理人开始承认现实，承认每个劳动者都有天生的本能、独特的天赋、与生俱来的人格或个性、内生的自由意志等。每个劳动者都不是"个体"，都有自己的"个性"。个体是可以相加的，但个性是不可相加的。

20世纪20年代，泰勒理论问世之后的10年，戴德提出"个性解放"的主张。当然，其着眼点还是让劳动者听话，按要求好好干活，而不是调动他们的天赋、主动性和创造性。

值得一提的是，个性解放在文艺复兴时期就被提出来了，这是西方社会崛起的根源。中间隔了半个世纪，企业才想起了这事儿。可以说，西方企业一直没把劳动者当人看，也不知道企业就是一个社会，是社会的一个基本单元。

到了那个时候，老板承认劳动者是人，而不是生产要素了。因此，人与人之间的关系，就不能简单化为物与物的关系了。

人与人之间的关系一旦浮出水面，谁也无法忽视其存在，包括劳动者之间的关系、劳动者与工厂主或经理人员之间的关系等。职场已经不再是一堆资源要素的集合体，也不是资源要素配置的场所。

4

组织理论的产生

霍桑实验由效率工程师发起，后由心理学家梅奥主导，但最终给出的却是社会学的结论和建议。例如，经理人员如何取信于劳动者，如何使管理者与工作群体协调一致，提高劳动生产率的意义等。

可以想象，如果工作群体不能和管理当局协调起来，如果劳动者不能与经理人或工头协调起来，甚至彼此不信任、彼此对立，那么不可能让劳动者保持工作热情，让工厂持续提高效率或产量。相反，有可能使工厂混乱、无序和失效，甚至有可能使工厂不挣钱、赔本或倒闭。

1938 年，巴纳德出版了《经理人员的职能》。按他的说法，他受到了霍桑实验以及梅奥思想的启发。但梅奥却说，他的思想是受巴纳德的影响。两个人到底谁影响了谁不得而知，反正都是谦谦君子。

他认为，无论是工商企业还是政府机构或宗教团体，命脉在"组织"。什么是组织？组织就是人与人之间的关系，按共同目标展开协同的行为关系。

人与人之间的协同行为关系是根本。无论企业的体量有多大，实力有多强，历史有多久，一旦失去了共同的目标以及协同的意愿，就会失去活力。

很遗憾，与泰勒一样，面对劳资关系这样一个禁区，巴纳德没有继续向前探索，研究如何建立企业一体化的关系体系，如何建立企业的共同价值立场，如何使企业及其行政当局向管理当局转变，逐渐使企业的性质适应时代的变化。而是退而求其次，在不触动企业性质的前提下，强调依靠经理人员的职能，即管理职能，使企业获得持续发展。他认为一个组织的存在取决于两个条件，即共同的目标和协同的意愿。经理人员的行为应该指向这两个条件：不断地进行沟通协调；维持一个组织的存在。

巴纳德真正想表达的意思是，企业就是一个社会或一个社区，就是一体化关系体系。一体化关系体系不存在了，企业也就不存在了。巴纳德探讨的是组织理论，挑战的是企业性质，而落脚点却在管理上，在经理人员的行为上。

巴纳德很清楚，他的理论并不是现实，只是一种信念。他相信，无论现实有多大障碍，在知识工作者逐渐成为主体的时代，企业的性质必将改变。

可以说，自管理学科问世以来，管理职能一直在弥补分工理论的缺陷，实现分工之后的一体化。

巴纳德意识到，在知识劳动为主体的企业中，很难把各方利益组织起来，构建一体化的关系体系。他很清楚，组织往往是短命的，经理人员的职能或作用是有限的。

5

组织理论的困境

由于经理人员只能依靠组织机构赋予的权力，通常是行政配置资源的权力，约束和激励劳动者，按照共同的目标努力工作，不可能依靠沟通协调或说服教育的手段，使劳动者对共同的目标做出承诺，并且保持协同的意愿。

西蒙把事情说穿了。1947 年他出版了《管理行为：管理组织中决策过程的研究》一书，该书是使他获得 1978 年诺贝尔经济学奖的主要著作。他认为决策的关键在于价值立场或价值前提，基于价值判断的决策前提。

说白了，一个企业如果能够统一全体成员的价值立场，那么就能形成共同的目标和协同的意愿。具体而言，只需要把管理的重点放在价值立场的统一上，然后让那些与执行相关的人员参与到决策的过程之中，就可以达成共识，形成共同的目标，并唤起协同的意愿。

西蒙是巴纳德思想的继承者，他非常清楚巴纳德在说什么，不是探讨"协同"与"协同行为"，而是探讨"协同行为的关系体系"，从而把命题引向深入，直奔主题。

他有一个观点一直被人们忽略，即统一价值立场的前提条件是：高层领导必须是一个道义集团。如果领导阶层只是一个利益集团，就无法统一大家的价值立场，就不能上下一条心，拧成一股绳。按照孙子的说法，"上下同欲者胜"。离开了这个必要条件，经理人员的努力只是工具、方法和技巧上的事情，只能在技术和经济层面上实现一体化，只能是物的连接，而不是人的连接，更不是人心的连接。

6

被误读的组织理论

巴纳德强调的是人与人之间的关系，人与人之间协同的行为关系体系。后来的学者却只关注细节，如行为、协同、沟通等概念，发展出庞杂的学说体系，并被一股脑地归入了"组织行为学"的概念之中。巴纳德本人也被武断地贴上了标签，如"现代管理理论之父""现代组织管理或组织行为学的奠基人"和"协同管理学派"。同样，西蒙也被武断地贴上了标签，认为他属于决策管理学派。

有意思的是，由于西蒙使用"价值前提"的概念，没有使用"价值立场"或"公司立场"的概念，没有强调领导阶层要站在道义的立场上，更没有表明自己的价值立场，即领导阶层不应该是资本所有者的代理等。结果是，没有人继承他的组织理论，却发展出了两门别的学问：企业文化与领导力。

企业文化与领导力都需要人心的连接，没有推心置腹的关系，没有共同的价值立场及规则，企业的文化和领导力是发育不出来的。

这里的关键是企业创立者的觉悟，它会让创立者逐渐去改变企业的性质，从一个为少数人谋利益的营利性组织，转变为企业多数人谋利益的非营利性组织，而不是泛泛地讨论企业文化和领导力。可以说，百年企业是觉悟者的事业。

领导力是领导者和被领导者之间的关系，必须建立在领导者的觉悟以及企业共同体的基础上才有力量。巴纳德讲得很清楚，命令必须以服从为前提；西蒙也讲得很清楚，命令必须落在能够被接受的范围，否则就是长官意志，反遭其辱。企业不是寻找利益结合点的场所，而是社会学意义上的共同体，靠领导人画饼或者经理人忽悠，是难以持久的。

作为一种理论，应该指明方向，尤其要指明以知识劳动者为主体的企业应该往哪里走，而不应该像咨询报告那样，给出短期建议，以解燃眉之急就行了。

组织理论的目的和作用是要改变企业的性质，打破传统企业的劳资关系，而不是为了夹在中间的经理人阶层在劳资关系中活得更好，或者发挥更好的作用。

从管理理论到组织理论，本应该用于指导企业的顶层设计，包括建立共同利益的平台，以及统一全体成员的价值立场。然而，传统企业的性质及其背后的产业逻辑由于得不到理论的指导，在总体上并没有发生根本性的改变，导致这方面的理论研究与现时期企业的实践脱节。

7

分工与管理

亚当·斯密的理论被称为分工理论，主要观点是通过劳动分工提高劳动生产率。斯密列举了大头针制造的案例来证明，劳动分工确实能提高劳动生产率。

斯密理论的价值不仅仅如此，随着劳动分工的细化，它促进了作业的规范化、工具的专用化，以及加工对象的标准化。这为机器的发明、动力的导入以及技术和知识的应用创造了条件，从而打开了工业化的大门，使人类社会走上"以机器代替人力"的道路。

问题是，劳动分工之后，如何变成一个整体？从逻辑上说，劳动分工之后应该形成劳动组织，劳动分工应该与劳动组织相对应。很遗憾，分工理论并没有解决这个问题，没有形成对应的劳动组织的理论。

劳动分工与劳动组织才能构成一个完整的理论。劳动分工基础上的劳动组织，以及劳动组织条件下的劳动分工，才是完整的企业概念。没有劳动组织的概念，企业就成了一个人的企业，就成了老板一个人配置资源的平台。劳动者就是资源要素，与资本和土地一起，成为生产的三要素。

为了使劳动者听话，好好干活，就有了老板的助手，这些助手被称为经理人员或工头，并形成了层级制的行政权力系统。行政的权力来自老板，来自所有权。这些助手依靠行政权力体系，对劳动者实施监督与控制，使他们的劳动合乎老板或企业行政当局创富谋利的目标，合乎资源配置的方式。这些经理人员和工头，也就被称为管理者。层级制的行政权力系统，也就被认定为科层制的管理体系。至今为止，没人能区分行政当局与管理当局的区别。

企业最初的所谓管理，主要是依靠行政权力体系，对劳动者及其劳作进行监督，为的是防止资源配置方式失效。经理人员和工头的合法性来自老板或所有权。所谓所有权派生出管理权，此时的管理权实际上是行政管理权，简称行政权。

从这个意义上说，企业实践中所讲的管理，是与劳动分工的概念相对应的，用以分工之后形成一个整体，实现分工后的一体化。换言之，那时所说的管理，只是替代劳动组织的一种手段，或者是弥补劳动组织缺失的一种手段，满足在"技术—经济"层面上分工一体化的要求。

那个时候，每个劳动者之间的关系被各工序所隔离，被工序之间的关系所取代。劳动分工之后的一体化，表现为工序之间能力指标的一体化，工序劳动成果之间输入输出关系的一体化。换言之，用加工件的数量、质量和时间的输入输出标准，在"技术—经济"层面上实现一体化。

8
组织与管理

随着心理学和社会学对企业的渗透，管理主要是帮助企业当局提高劳动生产率。客观上，提高了劳动者阶层的地位，使他们从劳动力资源成为企业中一个个体的人，进而成为一个有个性的人，也使企业成为一个社区，成为人与人之间的关系体系。

组织理论强调的是企业应该是什么？企业应该是一个组织，组织被理解为人与人之间协同行为的关系体系，而这种协同不能靠命令，只能靠共同的价值观或决策的价值前提。

这就要求企业的领导阶层是一个道义集团。所谓道义集团，就是企业领导阶层应该在利益之上有更高的追求。这方面的呼声特别高，已经上升到了精神层面和道德层面，以至于有人说，管理学看上去很像一门道德学。

组织理论真正要挑战的是企业的制度和企业的性质。组织理论遵循的是天道，是可以在现实中发挥作用的，关键在于引发企业制度的创新，甚至改变企业的性质。如果企业的领导人不觉悟，企业的性质不改变，组织理论是很难用于实践，很难用来指导实践的。

组织理论本身存在着缺陷，没有把分工与组织联系起来。离开了分工，无论怎样的组织都是无效的，很难产生绩效；反过来说，离开了组织，无论怎样的分工都会失效。例如，分工过细，超出了组织的能力，就会失效。

也许组织理论探讨的就是如何提高组织效能，探讨的只是人与人之间的协同行为关系。然而，人与人之间关系的核心内容，是人与人之间的劳动关系和利益关系，简称分工与分利关系。这种人与人之间的分工与分利关系，不仅仅限于劳资关系，还有经理人员与劳动者、劳动者与劳动者之间的关系等。

企业创造和获取更大的价值，在于价值创造能力，在于大规模的分工。概言之，大规模的分工是企业创富谋利的基础，组织的效能必须建立在大规模分工的基础之上。分工与组织是劳动关系与利益关系的对立统一基础。

管理不是组织的一项职能，而是企业的一项职能，是组织机构的一项职能。管理职能支撑的是分工基础上的组织，从这个意义上说，组织应该理解为组织机构或企业。

9
分工与组织

工业化是从自觉应用分工理论开始的，或者说是从"自觉分工"开始的。这与"自然分工"逻辑不一样，自然分工是在"自然组织"的状态下发生的。可以说，工业化从伊始，就违背了自然道法。

自然分工在一万年前就开始了，是在自然形成的人群、村落或部落中发生的。这些自然人群经过世代的生活与交往，形成了相对稳定的关系体系，有了共同的语言、交往规则、生活理念和生活方式，以及审美情趣等。

在劳动生产率低下的情况下，自然人群彼此都过着自给自足的生活。随着生产经验的积累和生产熟练程度的提高，他们开始有了一点点闲暇时间，有了一点点物质财富的积累。于是，在关系密切的邻里之间，就会彼此提出要求，索取一件对方制作的物品。

　　这个时候，自然人群在社会交往的基础上，有了物品的交往关系，或者说，在自然的社会交往关系中，掺杂着物品的索取与赠予。可以肯定，物品的交往关系一定发生在共同文化的基础上。自然的社会交往关系，必须经过很多年，彼此才能形成共同的文化以及审美情趣，看得上、欣赏或羡慕对方的东西，彼此才能逐渐形成物品的交换关系。

　　毫无疑问，在最初的很长一段时间里，这种物品的授受一定是发生在好朋友之间，而不是陌生人之间。久而久之，跨越好朋友圈的商品交换才会发生，劳动分工才会发生，随之商品交换原则也就自然形成，即诚实守信、等价交换。

　　即便如此，最初的商品交换也是以熟人为基础，例如在自然人群、自然村落之中，继而在自然部落之中进行物品交换。没有熟人的介绍，没有熟人的关系，相互之间的诚信是很难建立的。

　　在自然分工的背后存在着自然动因，这就是每个人希望发挥自己的天赋与长处，在可预期的交换关系体系中使个人的价值最大化。

　　基于商品交换的劳动分工必须经历三个阶段：一是形成自给自足的自然人群，在彼此社会交往的过程中，形成共同的生活方式及共同的文化；二是随着劳动生产率的提高，在好友之间形成物品授受的社会交往关系；三是在预期商品的交换关系中，形成了原始的劳动分工，以及专业化的为他人的需求进行生产或按需求生产的意识。

　　现在我们完全有理由说，"分工与组织"或"组织与分工"是一件事情的两个方面，它们相互依存，相互作用。没有分工就没有组织，没有组织也就无所谓分工。

　　按《三十六计》的说法，"阴在阳之内，不在阳之对"。意思是，阴和阳是一个事物，而不是两种事物，可谓"两位一体"或"一体两面"。阴或阳不能构成单独的一个事物。没有阴哪来阳，没有阳哪来阴；阳因阴而存在，阴因阳而存在；阴亡则阳灭，阳失则阴消；孤阴不生，孤阳不长。

　　借用老子的阴阳思维，我们很容易理解分工与组织是一件事情，组织在分工之内，不在分工之对。不能在分工之后再去着手解决组织问题，必须同时考虑分工与组织的内在统一性，同时去处理分工与组织之间相互依存和相互作用的关系。

　　组织的本意是分工之后的一体化。分工之后如果不能协调成一个整体，那么分工就没有意义，预期的分工效率就发挥不出来。

　　回到企业的层面上说，企业必须围绕着价值创造的流程及其能力进行分工与组织。而且，这种分工与组织的长期稳定性与始终一贯性，是由企业价值创造过程的内在要求决定的。从这个意义上说，企业就是分工一体化的关系体系。

　　在工业化早期，人作为资源要素，被编织在分工一体化的关系体系之中。这个一体化关系体系的特征是工序之间与物件之间的关系，是"技术—经济"层面上的分工一体化，人与人之间的关系被排斥在外。

到了今天，人与人之间的关系不能再被物与物之间的关系所取代，不能通过以机器代替人力以及监督劳动的手段，去压制本应该存在的人与人之间的关系。相反，这种压制不仅会丧失民心，而且还会丧失企业的竞争力。在以知识劳动者为主体的企业更是这样。这是天道，是分工与组织的自然道法。

企业必须回答这个层面上的问题：每个人为什么愿意参与分工一体化的关系体系？毫无疑问，这是由人的社会性决定的。社会交往不是目的，目的是求生存、求发展。人们希望在企业这种特殊的形态下，在创富谋利的形态下，结成相互依存和相互作用的关系体系。这种人性上的自然要求早就存在，只是被压制太久了。

在企业形态下，这种相互依存和相互作用关系的本质内涵，就是人与人之间的劳动关系和利益关系。劳动关系和利益关系，说到底就是分工关系和分利关系。不能有效地实现分工和分利，就不能有效地使各个不同利益的主体处于组织状态，形成一体化的关系体系。

反过来说，必须在一体化的状态下，讲清楚彼此的利益关系，才能确保在劳动分工的层面上形成共同的目标追求和普遍的协同意愿。每个利益主体自然会想，这个目标是共同的吗？这个目标在实施过程中和过程后与我有什么关系？

　　调动人的工作热情本应是分工与组织的命题，应该在构建分工及一体化关系体系时解决，即依靠"分工与组织"的原则，从根本上调动每个人的工作热情。

　　管理只是落实这个分工与组织原则的手段。当人与人之间在分工与分利中发生偏差、冲突和纠纷时，由管理人员出面运行协调，依据企业的分工与组织原则，寻找解决问题的办法和方案。

　　企业中每个人都处在价值创造过程的不同位置上，彼此的利益都是对立的。要想把各个利益主体统一起来，形成对立统一的关系，关键是要明确企业的分工与组织原则，明确每个人之间的分工与分利关系。有了这个协调的基准，有了这个管理合法性的基础，经理人员才有可能对具体的人和事做出协调。

　　经理人员不可以在企业的原则之上行事，企业也不能有了原则就万事大吉。企业是一个矛盾体，充满着分工与分利上的矛盾、冲突和纠纷。必须要有人秉承这些原则去协调，这些人就是经理人员，就是不可或缺的管理职能的担当者，简称管理者。

　　正是因为管理职能及担当者的存在，企业才成为一个有是非的组织机构。企业的员工才会相信，这些原则是会被认真践行的，而不是贴在墙上装潢门面的。

　　按照自然道法，分工与组织两者相辅相成。企业创建之初，在0～1的孕育期，就要完成基于价值创造过程的分工一体化关系体系，完成与此相联系的顶层制度设计。

按照赫拉利《人类简史》的说法，公司只是一个故事；按照德鲁克的说法，这个故事必须符合逻辑，形成公司的事业理论。当然，这个理论必须符合天道，符合自然道法。否则，这个故事不会变成美丽的神话，相反，会变成一场噩梦。

管理只是把故事变成现实的一项职能，或者按故事的构想，包括遵循制度化的顶层设计、企业的原则及性质，所做的一系列事情。

管理作为看得见的手，与市场看不见的手不同，它是依靠合法性的权力发挥作用的。与企业的其他各项职能不同，管理职能是依靠权力体系（即管理体系）发挥作用，支撑着企业分工一体化的关系体系正常运行。

10

分工理论的错误

分工理论的错误是，把分工与组织隔离开来，不认为分工与组织是一件事情的两个方面。这就带来一个问题：分工究竟怎么产生的？

亚当·斯密认为，分工起源于人类的交换天性。但是，他没有拿出证据，也不确信这一点，只是假设而已。可以推断，这个假设是他理论的需要，并非自然道法。

在这个假设下形成的产业社会发展逻辑，从一开始就存在两大致命的缺陷。一是在企业内部，劳动分工之后的一体化是依靠"看得见的手"即管理实现的，是依靠工程技术人员以及后来的管理工程人员实现的。而且，是把人当作资源要素，当作机器的附属，在"技术—经济"层面上实现的，而不是依靠有效的劳动组织原则实现的，不是依靠人与人之间的共同意志和意愿实现的。

二是在企业外部，社会分工之后的一体化是依靠"看不见的手"（即市场）实现的，而不是依靠供求者之间的产业组织、共同意志和意愿实现的。钱德勒写了一本书《看得见的手》，强调在供求者之间用"看得见的手"（即管理）进行协调的重要性。

这样，分工理论以及社会性制度安排，使企业摆脱了组织的约束，包括企业内部的劳动组织和企业之间的产业组织的约束，摆脱了分工之后的一体化的客观要求。少数人的意志凌驾于多数人的共同意志与意愿上，在竞争和趋利的双重压力下，形成了内在的暴力倾向，形成了产业社会的发展逻辑。

借用德鲁克的说法，这种产业社会的发展逻辑并没有给人们带来理想的状态，即经济的自由、社会的平等和政治的民主。相反，现实与理想越来越远，甚至面临毁灭的威胁。

分工不是人类的特性，在诸多群居动物中，都存在着社会性分工。在完全脱离动物世界之前，人类也存在着社会性分工。分工不是由物种特性的决定的，而是由物种的社会性决定的，可以说，是由社区的共同生活关系或一体化的关系决定的。人与人之间的劳动分工，只是这种社会性分工的延伸和发展。劳动分工的基础依然在于社会性交往，由社会交往形成一体化关系。

物品的交换或商品的交换，是实现分工一体化的形式，而不是人的兴趣所在。至少在相当长的历史时期，人类的劳动生产率很低，既没有闲暇时间，也没有富裕的东西，人类不可能有物品交换的兴趣和欲望。只有当人们尝到了分工继而交换的甜头后，才会有相应的兴趣，在这方面我们不能因果倒置。

可以断言，分工理论并不符合自然道法，由此发展起来的产业社会的发展逻辑终究会走到尽头，互联网也许是改变产业逻辑及企业性质的手段。

思考题

1. 管理因何而来?

2. 组织为何而来?

3. 管理与组织有何区别与联系?

第 2 章
管理的职能

管理是什么？比较一致的说法：管理是一项职能，是企业的一项职能。

按照德鲁克的说法，管理是组织的一项职能或一个器官。人体有五脏六腑，管理究竟是组织的哪个器官呢？按照法约尔的说法，更像是大脑这个器官。很显然，这只是一种比喻，而不是一种定义。

不能对管理职能进行定义的原因，很有可能不清楚管理的职能工作是什么，或者说，有关管理与管理者的工作是什么，至少没有形成统一的说法。一百个人有一百种说法，估计每个人的说法在不同时期也一样。

对于学管理的人来说，这是绕不过去的概念。如果基本概念不清楚，学成一团糨糊是很难避免的事。即便我们不能把握管理职能是什么，也应该把它的来龙去脉梳理清楚。

1

管理与管理者

什么是管理？谁是管理者？这两个概念是很难区别的。从逻辑上说，为管理职能工作的人就是管理者；或者说，管理职能的担当者就是管理者。那么，什么是管理职能？管理职能的工作是什么？

法约尔在《工业管理与一般管理》一书中认为，企业中有各项职能活动，大体可以分为六类：生产职能活动、商务职能活动、财务职能活动、会计职能活动、安全职能活动和管理职能活动。

此话一出，一锤定音，谁都认为管理是一项职能。对不对呢？没人拷问过，也许就是对的。理由很简单，管理是一件件具体的事情，是企业本应该有的事情，凡是企业要做的事情，都被称为企业的职能工作。但管理绝不是一般的职能，不能与其他职能相提并论，管理是一项特殊的职能。

对于这种说法，估计不会有人提出异议，不会有人认为管理是一种观念、策略或方式方法。简言之，管理是企业要做的事情，理所当然是一项职能。而且，这件事情与企业中别的事情可以区分开来，与企业中的财务、会计、安全、生产和商务都不一样，它单独归为一类，叫作管理。

既然大家都认为管理是一项职能，为什么在企业中没有管理职能部门呢？一般而言，作为企业的一项职能，必须要有部门的落脚点。其他各项职能都能落在部门的形态上，如财务部门、会计部门、安全部门、生产部门和商务部门，唯独管理职能无法落在部门的形态上。这也是法约尔感到为难的地方。那只能退而求其次，把管理职能落实在职务上。于是，总经理以及经理人员就成了管理者。

为什么总经理和经理人员成了管理者呢？没有人对此做过说明，很有可能是因为他们是行政等级体系中的执行官，最高的执行官就是首席执行官（CEO）。

有更多人只是说，经理人员未必是管理者，管理者也未必是经理人员，言下之意，只有那些为管理职能工作的人才是管理者。似乎这是一个谁也说不清楚的事情。

2

管理的五项要素

管理职能之所以落实不到部门形态上，也不能精准落实到职务形态上，根本原因是，人们被企业其他专业职能的概念误导了，并且一开始就被误导了，不知道管理是一项特殊的职能，不知道管理职能的特殊性，而是一味地在寻找管理职能的具体工作。

其实，法约尔也没有很清晰地意识到管理职能的特殊性；或者说，没有很清晰地意识到管理是一项特殊的职能，不能等同于企业的其他专业职能。也许法约尔也找过管理职能的具体工作是什么，结果跟后面的人一样没找到。

不过，法约尔是一个富有企业实践经验的人，当了几十年的总经理，他遇到这类理论抽象的问题，一定会回到实践的具象层面上思考，不断思考自己凭什么能把一个濒临破产的公司带上了健康成长的道路。毫无疑问，他靠的不是生产技术或商务和财务方面的知识与能力，而是把每件想做的事情都能做好的本领。

这种本领是什么？他意识到，是计划、组织、指挥、协调和控制。自然的问题是，这是一件件事情吗？是企业中的具体事情吗？对此，法约尔并不确信这是否算作事情，但可以肯定，虽然这不是具体的事情，但客观存在。所以，他认为这是管理职能的五个要素。

再强调一遍，他并没有把这五项要素视作管理职能的具体工作，是后人（如孔茨）把这说成是五项管理职能的工作。

法约尔意识到，这五项管理要素很重要，认为这应该成为经理人员乃至是基层员工的职业素养。不妨把这称为管理的素养。

由此而论，一个人要想做成一件事情，必须关注到事情的全过程，关注到事情的关键节点，即计划、组织、指挥、协调和控制。如同孔子所言，"物有本末，事有终始，知所先后则近道矣"。

无论事情是大是小，大到一个企业的事情，小到一个人的事情，都会涉及过程中的这五个环节。每个人都应该有这种素养，都应该养成这样的习惯，有意识地去把握这五个环节，唯有这样才有可能把一件事情做好。也许是这个原因，管理学给法约尔贴上了"过程管理学派"的标签。

似乎可以认为，计划、组织、指挥、协调和控制是管理者的一种素养和本领，这种素养和本领似乎更接近于做事情的方式方法，以及由此养成的技能和习惯。

也许是这个原因，后来很多管理大师级人物都强调，管理的有效性是一项技能，是管理者后天在实践中习得的一项技能。这种技能可以理解为一种做事情的方式、方法和经验，最高的境界就是艺术，属于玩家耍的手艺。

绕了一大圈，还是不知道什么是管理职能，谁是管理者；相反，还多了很多有关管理的概念和说法，如管理实践说、手艺说、技能说和经验说等。

3

管理的任务

法约尔根据管理的五个要素或管理的素养指出，高层经理人员的工作应包含更多的管理内涵，而基层普通人员的工作则包含较少的管理内涵。这似乎在讲管理的普遍性，企业管理职能工作的人不限于高层经理人员，凡是涉及人与工作结合的事情，都离不开管理的素养。

自法约尔之后，企业中的人越来越注重管理，注重管理的教育，这就有了名目繁多的管理，如生产管理、质量管理、财务管理、成本管理、人事管理、劳动管理、销售管理、营销管理、研发管理、计划管理、战略管理、文化管理等，管理世界膨胀起来了，犹如宇宙的红移现象。

什么都是管理，唯独不知道管理是什么。究竟上述这些名目繁多的管理是属于管理体系的一个部分或子系统呢，还是因为这些事情有了计划、组织、指挥、协调和控制的要素成分被称为管理了呢？作为管理体系的一个子系统，不应该以专业管理的方式存在，而应该服从管理体系，共同支撑企业的价值创造流程。

可以说，管理是一个混沌的世界，根源在于没有界定清楚管理职能，以及管理职能工作和管理工作者。

后来的明茨伯格，不相信经理人员每天就干那些抽象的工作，于是他就去做调查研究，对五名企业的总经理进行工作日写实，看他们到底在做些什么具体的事情。调查的结果是，这五位总经理整天都很忙，但是他们每天所忙的事情，没有一件是可以用计划、组织、指挥、协调和控制这些抽象的概念进行概括的，可以概括的是三个概念：社交、信息收集和决策。

姑且不论明茨伯格的调查是不是合适、结论是不是可靠，但有一点是可以肯定的，经理人员必须从事具体的工作。

举例来说，即便是做计划，也必须要明确是什么计划，是战略规划，还是销售计划或财务预算，进而明确计划的责任主体，即由谁来负责，以及明确做计划的目的是什么等。离开了具体的事项，离开了责任主体，离开了做事情的目的和结果要求，任何人都是做不了计划的，尤其不能明确是在做管理工作，还是在做管理的辅助性工作。做管理辅助性工作的人，不应该算作管理者。

这样我们就能理解，为什么法约尔只说这是管理的五项要素，并强调这是经理人的管理素养。因为经理人员有具体的工作要做，而这些工作很难，概括为管理职能工作，一个企业一个样，一个时期一个样，一个人一个样。同样地，我们就能理解，管理职能为什么不能落实在部门形态和职务形态上了。

为了解决这个问题，德鲁克给出了另外一种思路，认为管理是企业或组织机构的一项职能，管理本身没有目的性，管理的目的统一于企业，是实现企业目的的一个手段。换言之，不能为管理而管理，经理人员从事什么工作或者选择什么事情去做，必须依据企业的目的，依据企业生存和发展的要求，转化出管理的任务。

总经理必须关注企业的成败关键领域，如果成败关键在商务活动领域，那么总经理就必须更多地关注那里的事情，必要时亲自披挂上阵，选择正确的事情去做，并把事情做正确、做出结果来。

一般而言，总经理要负责开拓并维持与大客户的关系，以给企业带来更多发展机会。这是由总经理的身份、地位、能力、关系和调动资源的权力决定的，很多事情不可能交给副手或下属经理人员去做，因为他们往往做不好也搞不定，量级不够，耽误事情。

受外部竞争环境的影响，企业一个时期的成败关键领域是不确定的，总经理负责的事情也要随之改变。

例如，进入 21 世纪，丰田公司的领导人丰田章男就直接关注和大力支持雷克萨斯高性能车的研发。他是矢口幸彦 IS 原型车开发团队的特殊成员，后来又是棚桥春彦 LAF 原型车开发团队的特殊成员。

2009 年，丰田章男带领团队，亲自驾驶 LFA 原型车参加纽博格林 24 小时耐力赛，排名第 18，这不仅赢得了市场的声誉，也鼓舞了公司的士气。他说，因支持 LFA，自己成了公司中的孤家寡人，反对声一片。

也许明茨伯格的调研是对的，企业的领导人或总经理主要的管理工作应该是做决策。为做决策，必须进行广泛的社交活动，收集整理企业内外的信息。

但这里也有值得商榷的地方，明茨伯格选择的样本量不够，而且所选择的样本可能有偏差，都是些授权不够的企业。德鲁克介绍 AT&T 公司的总经理费尔在任职期间只做了三项决策，确保了公司后来 30 年的发展。

何况决策不是一件拍板的事情，老板也不是一个老要拍板的人。在做出一项决策的背后，更多需要考虑企业的发展方向和机会，包括资源整合或合作的机会。机会存在于外部，企业除了要拓展市场的界面，更要拓展社会交往的界面。界面不够，企业与外部的能量交换的机会就不多。如此说来，总经理的工作也可以用别的概念进行概括，比如谋划、规划或计划。

4

管理职能的特殊性

明茨伯格不清楚的是，管理职能是一个完整的概念，它的外在表现是管理体系，而不是单个经理人员一项项工作的简单加总。

管理体系强调的是管理层次，总经理属于高层管理者。管理高层的主要任务是使企业有前途，包括提高企业的短期绩效和谋求企业的长期价值。因此，作为管理高层的总经理，必须在企业成败的关键上下工夫，在必要时赤膊上阵，亲自操刀，选择正确的事情，并把事情做正确。就像古代帝王那样，危急时御驾亲征。

与此相联系，管理中层的主要任务是使系统有效率，或者使企业价值创造流程的工作体系有效率。管理基层的主要任务是使员工有成就。

在管理体系的三个层面，以及具体人与具体工作的背后，必须满足管理职能五个要素的要求，确保企业的运行处在统一的计划、组织、指挥、协调和控制状态。

法约尔真正想表达而没有表达出来的是管理体系的概念。相反，他把管理职能与企业的其他职能并列在一起，忽略了管理职能的特殊性，导致后来者没能把管理职能与管理体系对应起来，而是与技术、商业、财务、会计和安全等职能对应起来了。

那个时候的大企业都非常强调专业化分工，形成了一系列的专业化部门。用今天的话说，有研发、生产和销售（简称"研产销"），还有行政、人事、财务和信息。如何把这些专业职能部门以及各项工作串起来，变成一个整体，指向企业的整体目标和最终成果，这就需要管理，这才需要管理职能。

也许是这个原因，很多专家学者认为，管理就是让所有人的行为指向共同的目标。这样简单定义管理是不对的，这是管理追求的结果，而不是管理的内涵。任何定义都必须抓住或反映一个事物的本质内涵。何况，管理是不可或缺的专业职能，需要有人不断去做，才能确保企业各个方面和各个环节的事情处在整体统一的状态。

在当时的历史条件下，法约尔所看到的企业也许没有实行两权分离，所有权和管理权并没有分离。各项专业职能部门的负责人都听命于企业的老板，老板依靠行政当局以及行政权力系统，协调着企业方方面面的人和事。因此，在法约尔的头脑中还形不成清晰的管理体系的概念。

　　直到 20 世纪 70 年代，德鲁克在《管理》一书中才明确提出一个企业要有管理当局。他认为，福特公司在二三十年代迅速走向衰败，根本的原因就是缺少一个管理当局，缺少一个管理体系，来支撑一个企业的庞大局面。

　　20 世纪 30 年代，在福特的生产基地建有完整的成套设施和配套设施，如炼铁厂、轧钢厂、炼焦厂、发电厂、自来水厂、橡胶树林，当然，还有各种零配件生产厂、汽车装配厂，并且各厂之间都有传送装置相连接，每天能生产出 6000 辆轿车。

　　第二次世界大战结束后，福特二世上台，他引进了"蓝血十杰"[⊖]，建立了管理体系，福特公司这才得以重整旗鼓，走上振兴的道路。

　　由此而论，法约尔的管理职能，真正的落脚点是管理体系，而不是部门或职务。管理体系必须时时刻刻把五项要素当作纲领，当作管理的总体要求，确保企业始终处于整体一致的状态，或者说，使整个企业在高度专业化分工的基础上实现一体化，保持分工一体化的状态。

　　⊖　西方人用"蓝血"泛指那些高贵、智慧的精英才俊。蓝血十杰出身名校——哈佛商学院，包括查尔斯·桑顿、罗伯特·麦克纳马拉、弗朗西斯·里斯、乔治·摩尔、爱德华·伦迪、本·米尔斯、阿杰·米勒、詹姆斯·莱特、查尔斯·包士华和威伯·安德森。他们是"二战"期间美国空军的后勤英雄，卓有成效地将数字化管理模式用于战争。战后，他们加盟福特汽车公司，把数字管理引入现代企业，不仅拯救了衰退的福特事业，还推动了美国历史上最惊人的经济增长。他们信仰数字、崇拜效率，成为美国现代企业管理的教父。

5

对管理职能的误读

法约尔是管理实践方面的行家里手，按理说他应该清楚这一点，管理职能与其他专业职能是不同的。所以，他始终没有说过管理职能要落在部门形态或职务形态上。他知道，自己作为总经理实际上承担着管理职能，按照五个要素的要求，确保着企业各方面事情的协调一致。

只是他动手写书的时候年事已高，计划中的后两本书未能完成，没有来得及把关键的概念都梳理清楚，致使后来的人花很大力气去寻找管理职能工作和管理职能工作的担当者。由此看来，理清一个学科的基本概念是非常重要的。

后来有很多人将法约尔的管理职能五要素，拓展到了领导、决策、激励与沟通以及赋能等，这些拓展出来的概念，看上去更像是经理人行为上的事情。这与法约尔关注的事情不同，他关注的是整个企业的管理状态，是对整个企业如何进行管理。

　　至于他为什么要强调管理素养，是因为那个时候管理当局以及经理人阶层还没有形成，他希望各部门的负责人，要懂得对一个企业进行管理的重要性。

　　同时，为了使整个企业处在管理状态，他提出了 14 项管理原则，即劳动分工、权责对等、严明纪律、统一指挥、统一领导、个人利益服从整体利益、公平报酬、集权有度、等级层次清晰、维持秩序、公平待人、稳定人员、激励员工的主动性、加强团结，以指导各部门的负责人按"管理原则"行事。

　　从词义学上说，管理职能的五个要素，即计划、组织、指挥、协调和控制，是比较周延的，已经表达清楚了管理的特性，表达清楚了做成一件事情的关键节点是企业全局事情的关键节点，对这些节点的把控就是管理。

　　至于领导、决策、激励与沟通以及赋能等，与法约尔谈的不是一回事，也不在一个维度上。

　　领导是领导者与被领导者的一种行为关系，涉及领导人的品格和行为方式，并且贯穿于人际关系的始终，而不是把控一件事情的关键节点。

　　决策是一种行为，这种行为普遍存在，极端地说，企业中每个做事情的人时时需要做决策。决策只是计划环节中的一个关键点，关于决策的重要性，只是视角不同而已。

激励与沟通，是企业文明进程中的一个新概念，针对的依然是人际关系问题，属于"社会—心理"层面上一体化的范畴，属于组织行为学的范畴。管理关注的是更高的层面，即企业分工一体化的关系体系。管理是企业的一项职能，不是组织的一项职能。

赋能不具有管理特性，不只是管理职能特有的属性。企业中任何事情、任何人做的事情，都应该是一种赋能。管理要杜绝的是浪费，要剔除的是没有功效的事情，要防范的是负能量的人和事。

6

管理工作的存在

直到 19 世纪末 20 世纪初，企业中是没有管理者的，当然也没有管理职能工作，只有经理人和监工，他们都是老板雇来的助手和眼睛，为企业、老板创富谋利服务。

企业的创富谋利，主要依靠工业技术，依靠机器代替人力，把皇亲国戚、达官贵人和殷实人家的物品，转化为机器可以生产的标准化产品，谋取量产量销的收益。换言之，企业主要依靠机器及联动装置，形成价值创造流程与能力。

举例来说，1908 年，福特推出的 T 型汽车售价为 780 美元，而对手的竞品则为 2500 美元，高级一点的售价 4000 美元以上。1914 年，T 型汽车实现流水线生产之后，价格降低到 250 美元。

在机器代替人力的过程中，主要是产品研发和生产线开发的事情。用现在的术语，就是研发（R&D）职能上的事项。

福特公司最初的产品研发工作是福特及其助手干的，几乎不存在什么管理的职能事项，管理表现为福特个人的素养，以及一系列有关研发事项的打理工作。产品的研发管理，是很久之后的事情。

在工业化之初，生产是强有力的竞争武器，尤其规模化的大生产，更是强有力的竞争武器。合乎法约尔思想的管理及管理职能工作，应该首先发生在那里。

法约尔强调的是，如何通过管理，使企业中的各项事情或各项职能工作处于整体一致的状态，强调如何通过经理人员但不限于经理人员的努力，使每件事情都能处于管理状态，处于计划、组织、指挥、协调和控制的状态。

按照德鲁克的说法，管理概括起来就是两件事情：选择正确的事情去做，并把事情做正确。还可以加一句话，做出成果来。如果以终为始，就不需要这句话。

法约尔所讲的管理，似乎强调的是把事情做正确。他所处的时代，外部环境是稳定的，他所从事的冶金工业企业，是基于固定资产投资形成的体系。因此，选择正确的事情去做，并不像今天那样重要。

合乎法约尔管理职能的工作，开始是那些工程技术人员在做。他们在生产领域，本着以机器代替人力的原则，开发生产作业流程或生产线。其中真正的管理者，就是工程技术人员团队中的负责人，或是生产作业流程的总设计师。

表面上他们从事的是工程技术方面的事情，实际上他们还关注产出／投入的效能，关注生产线全过程的整体效能。效能可以理解为经济效能，所以说，这是一个"技术—经济"层面的一体化过程。

他们丝毫感觉不到是在同时做管理工作，他们只感觉到自己是在做工程技术职能工作。这就是法约尔厉害的地方，他才是管理大师中的大师，他从实践的经验中感知到管理的存在。在生产作业流程的背后，存在着分工之后的一体化的关系体系。工程技术人员的负责人或总设计师，如果不清楚这一点，或者没有这样的素养，就根本当不了负责人或总设计师。这个素养就是管理，就是管理职能的五个要素，即计划、组织、指挥、协调和控制。

只是在法约尔之前，工程技术人员并不清楚这一点，不知道在生产作业流程背后还存在着管理或管理职能工作。他们只知道，如何达到产出／投入的效能最大化，他们会采用"整分合"原理（后来被归为管理学的一种原理），对生产作业流程进行分解、优化和整合，最终划分出一系列的工作岗位，也称工序或工位。

一般而言，在传统企业的生产作业流程中，尤其在固定流水线上，工序就是"工作"，称为岗位工作或工作岗位。工作内容和工作要求是被工序或岗位锁定的，包括质量、数量和时间要求，即工时定额。

　　工程技术人员能做的事情也就是这些了。接下来，就是跟人打交道的事情，与数以万计的劳动者打交道的事情。这些大量存在着的事情，与工程技术工作的性质和内容完全不同。于是，就有一些工程技术人员开始做起"人事结合"的工作，就是让劳动者按照"工作"要求"做工作"。

7
被实践误读的管理

我们知道，分工之后的一体化决定了企业创造价值的效能，决定了产品加工过程的通过能力。在资本主义的生产方式下，劳动力是生产要素，分工之后的一体化似乎只有一种选择，把人变成机器的附属。

这种分工一体化的特征是工位之间的一体化，一体化的连接方式是加工件之间的公差配合。属于"技术—经济"层面上的事情，是物与物之间的一体化关系，而不是"社会—心理"层面上人与人之间的一体化关系。

接下来，就是如何把一个个劳动者放到一个一个工位上去，或者放到一个一个工序的"工作"上去"做工作"。也就是按照工作的客观的要求，把一个个劳动者编织进去，编织到"技术—经济"的体系之中去。

这样的"人事结合"工作应该叫什么呢？阴差阳错，做这些工作的人把自己叫作管理工程师，于是他们做的事情也叫管理了。原先这些人都是工程技术人员，后来他们改行从事起这项与"做工作"有关的事情。起先他们把自己称为"效率工程师"，后来就变成了管理人员或管理工程师。

在美国，原先这些人都是工程师协会成员，后来独立了出来，专门成立了经济分会。再后来，泰勒专门成立了管理协会，管理就成为他们的职业了。

举例说明，在福特的工厂中，由 5% 的技术员和技术工人从事这份"人事结合"的工作。具体而言，他们先对生产作业的全过程进行细分，细分出 8 万个工作岗位或工位，对应 8 万个劳动者，即一个萝卜一个坑。同时，合并同类项，把 8 万个工位归为 8000 多个职位。

然后，再对每个职位的工作内容进行优化、简化和标准化。简化到只有 10 ～ 30 个操作；标准化到人的行为、工具使用方法、设备的操作方法，以及输入输出的结果，有人称"人机料法环"的标准化。

最后，对每个劳动者进行逐项训练，确保他们上线之后不出错。按日本丰田公司的要求就是，一次做对，次次做对。为了训练劳动者，还需要开发各种训练科目，加以强化训练。看过卓别林演的《摩登时代》人就知道，每个劳动者的工作就是简单重复几个动作，与机器的工作原理与方式是一样的，单调、规范与连贯，使每个劳动者完全合乎机器的要求，成为机器的一个组成部分。

这样就实现了高度专业化分工之后的一体化，即把每个劳动者完全编织进了流水生产线之中，实现了"技术一经济"过程的一体化。

应该指出，这与法约尔讲的管理概念以及管理职能不是一回事。必须再强调一遍，这是企业在实践过程中被认为的管理工作。在企业实践中认为的管理工作，只能说是一种劳动人事管理。即便形成部门与职业，也只能是一个劳动人事管理部门以及劳动人事管理人员。

在生活中我们有这样的经验，来一个人，自称为仓储管理员，没有人会认为他是个管理者，实际上他就是一个仓库看管人员，就是一个管仓库的。只有那个管他们的经理人员，才有可能是一个管理者。

现在很多企业中有人力资源管理部门，这些部门的专职人员，只是企业中的普通员工，他们从事的不是管理职能工作，他们与财务会计人员一样，从事的是专业职能工作。

用法约尔的概念来衡量，劳动人事管理部门与技术、商业、财务、会计和安全等专业职能部门，没有本质上的区别。劳动人事管理职能部门不是管理职能部门，法约尔所讲的管理职能，只能落脚在管理体系上。

只有劳动人事部门的经理，以及从事这项"人事结合"的总体设计人员或策划人员，才能称得上是管理者，才合乎法约尔所认定的管理工作。

可以说，合乎企业实相的管理概念并非出自美国，而是来自法国的法约尔。而真正从事管理职能工作的人，就是经理人，准确地说，是职业经理人阶层。只有当我们建立了管理体系的概念之后，才会清楚地认识到这一点。

当然，管理者不限于经理人。很多专家级的人员，像生产线的总设计师那样，是对企业分工一体化关系体系构建与维护，直接做出贡献或直接发挥作用的人，他们也应该算是管理者，是承担管理职能工作的人。

8

经理人的产生

在我们认识法约尔之前，一般人凭直觉认为，经理人员就是管人的人，管人的人就是管理者。我们很容易把管人与管理者联系在一起，把管物与工程技术员联系在一起，把管钱与财务会计人员联系在一起。

管人与管事往往是分不开的，事情是由人做的，把人找来就是做事的。因此，那些管辖这些做事的人，就是经理人。

企业中最早的经理人就是老板的助手。后来，其中一些人继续当老板的助手，有的是副手，有的是参谋，前者是替身，后者是外脑；另外一些人则成了职能部门的负责人。

在产业社会的源头上，迟至 1900 年，所谓大公司，也就是从工厂制翻版过来的大工厂（人称血汗工厂），其主要的部门就是生产职能部门，主要的专职人员就是领班，俗称工头或监工，主要从事监督劳动，包括派活、调配人员、维持工厂纪律等。习惯上，人们也把他们视作经理人一类的。

在大工厂中，监督劳动的必要性是不言而喻的。1900 年前后，底特律和匹兹堡这样的新兴工业城市涌入的产业大军都是南美的移民，属于纯体力劳动者，没有受过什么教育，也没有家庭传承的手艺。他们没有职业意识，也不懂得工厂的纪律，甚至讨厌按时起床，按时上班。他们中的很多人可能从来都没见过时钟，现在却要听命于时钟，按照钟点行事，对他们来说太不可思议、太难接受了。

拿福特来说，要面对多达 8 万之众的南美移民或纯体力劳动者，谈何容易。他没有别的选择，必须雇用一大帮工头来维持工厂的纪律和秩序。

这些工头很清楚，谁给钱听谁的。老板说了，不允许劳动者在工作中交头接耳，不允许彼此有私交。工头们就进行监督，凡不听劝告者，立即解雇，每个工头都有这个权力，被称为管理权，实际上是行政权，是老板授予的。据说，那些工头都是厉害角色，他们不需要刻意唬人，看人一眼就能把人吓哭。史家称，在福特的工厂中，实行的是管理专制。

对工业化大生产企业来说，要想让成千上万的劳动者听话，并按照生产线的逻辑把工作做好，把工作做对，肯定不能依靠恐吓或者管理专制。

依靠工头，人盯人、人管人，这是一种无效的方法。任何企业都没有这样的资源和能力，雇用并驾驭一群监督者去监督数以万计的劳动者，监督他们的一举一动、一言一行，以及窥视他们内心中的动机与想法。

于是乎，像福特这样开明的老板，懂得改用文明的方法去治理工厂，而不是继续采用野蛮的手段。工厂中原来那些近乎打手的身影逐渐消失，代之为有文化有专业的人。逐渐地，他们有了一个好听的名称——职业经理人。意思是，他们不仅要为老板打工，而且也要尽责尽力地帮助劳动者。

福特的文明做法就是，把劳动者彻底变成生产要素，变成机器的一个部分，变成生产线的一个部分，用流水生产线的要求与节奏，去约束劳动者的行为，人们把这叫作"异化"。谁不听话、不按生产系统的要求做，一经发现，立即解雇。新来的顶替者，只需要经过几个小时的训练就可以按时、按质、按量地做到位。

福特曾经宣称，T 型汽车的标准化程度很高，任何两辆汽车的任何零部件都可以互换。他只是没说，任何工位的劳动者也可以互换。劳动者实际上变成了可以随时替换的零部件，变成了可以随时替换的操作工。

福特的另一种开明做法就是，慷慨与劳动者群体分利。1908 年，T 型汽车问世后，福特就给劳动者支付 5 美元一天的工资，那个时候，绝大部分企业都是 1 美元一天。并且，在 1915 年，福特承诺与劳动者群体分享 50% 的利润，前提是完成目标产销量。

称这种做法为"胡萝卜加大棒"，可能是一种误判。福特的这种做法，完全是基于企业的性质及经济学的思想，人与人之间的关系就是买卖关系，就是生意伙伴的关系。

在福特的意识中，并没有想恐吓和贿赂劳动者。他曾经说过，无论是劳方还是资方，都不能单方面索取利益。企业挣钱了要共享，企业赔钱了要分担。

经济学与社会学不同，强调的是物与物之间的关系或交换关系，这种交换关系的实质就是"货币与商品"的市场交易关系，人与人之间的关系被抽象掉了，企业或老板与劳动者、经理人与劳动者、劳动者与劳动者之间的关系被简化了。

在当时的历史条件下，福特能开明到如此程度，也算是叹为观止了。最终他没有能超越自己，培育出真正意义上的职业经理人阶层，建立起管理体系。按照德鲁克的说法，这是福特衰落、通用汽车崛起的原因。

现如今，虽然产业社会文明进步了，但企业的性质没有根本改变，职业经理人阶层以及管理体系依然带有唯命是从的痕迹，就是能做到法约尔 14 项管理原则的企业也不是很多。

看来普遍的觉悟还要靠成功企业的示范，以及理论工作者的引导。对理论工作者而言，这不是道德的命题，而是合乎商道的理性选择，不能靠心灵鸡汤。

在很多企业中，经理人员至今依然扮演着监督者的角色，只是方式方法有所改变、有所改善而已。诸多经理人员对管理的基本理解，就是"检查——落实——再检查——再落实"。他们在管理上的基本职责就是"盯跟催"，盯住下属的工作，跟踪下属的工作过程，催促下属完成目标任务。他们认为自己就是吃这行饭的，盯跟催是他们存在的价值和理由。

在日本公司，不用"盯跟催"这种赤裸裸的字眼，而是用"菠连草"，又称"菠菜精神"[⊖]，听上去很柔和。它的主要内容是报告、联络和交谈，包含了上司对下属的指导、约束、帮助和激励的管理内涵。

即便在生产线上，管理的方式方法也改变了。例如，在日本丰田生产线上，采取的是"追兔子"方式，就是减免管理上的监督工作。具体做法是，把生产制造的全过程划分成一段段的"U"形线，也称"U"形工段。3～5个劳动者在同一个工段上，每个人都承担工段上的所有工位，这叫"多机床管理"，也叫"工作内容的丰富化"。他们按各自的目标，干各自的工作，这样3～5个劳动者转着圈地相互撵赶，自然还会有相互帮助，直至大家都完成目标任务。这里没有监督者，而是所谓工作团队的自治，每个人照样拼命工作。日本公司的"过劳死"不是一个传说。

⊖　日本职场中推崇一种"菠菜精神"，即报告（ほうこく）、联系（れんらく）、商量（そうだん）三个词的开头，组合起来正好是日语"菠菜"一词。也就是说，能做到这三点，你的沟通就没有问题了。否则，即使你每天都在努力工作，但没有把你在做什么、怎么想及时报告给上司，你的工作效果可能并不会好。

思考题

1. 管理是什么样的职能?

2. 为什么人们给不出管理的定义?

3. 谁是管理者?

第3章

管理的体系

　　企业由一系列专业职能构成，其中包括管理职能。管理职能有它的特殊性，并不与其他专业职能并列。相反，它的存在是为了统合其他各项专业职能工作。

　　管理职能必须借助管理体系实现这种统合，而管理体系有赖于管理职能的特性，尤其是管理职能工作的五项要素，获得自身的管理内涵。这样，管理职能就找到了管理体系作为落脚点。否则，企业就没有管理体系，只有行政权力体系，企业只能依靠行政权力体系来配置资源，统合各项专业职能。

　　管理体系的有效性在于，依靠管理当局及职业经理人阶层的努力，依靠他们的专业性才干以及对共同事业的忠诚，围绕着企业价值创造的能力，对各项专业职能工作进行统合，并且使统合能力与价值创造能力形成良性互动。

1

管理体系的存在

任何企业从创立的那一刻起，就存在着一个行政权力中心或行政当局，这种行政当局的最高领导就是老板或 CEO，打理企业中的各种要素（如人、财、物），以及各种事情（如研、产、销）。

这种行政权力来源于资本的所有权，按照人们习惯的说法，就是由所有权派生出管理权。说白了，就是企业所有者有权按自己的意图支配资源或事情。

在认识法约尔之前，人们就把这种行政上的支配权视同为管理权，还不知道通过管理可以使资源的支配变得有效，更不知道离开了管理，资源的支配会变得无效。

在相当长的一段历史时期，老板只知道管理很重要，不知道管理体系很重要。他们并没有意识到，要把行政体系改变为管理体系，犯了舍本求末的错误。

以福特例。他很想实现一分钟一辆汽车，让汽车进入寻常百姓家。如何做到这一点？于是他模仿手术室的方式，由一个上手师傅带着若干个伙计组成一个装配小组。他相信，只要有几十个这样的装配小组，就可以做到一分钟下线一辆汽车。

结果，装配现场弄得一塌糊涂，各种零部件和配件的码放混乱不堪，需要的找不到，不需要的堆积如山。再进一步说，从原材料到零部件或配件的加工过程，根本没有衔接起来，没有形成秩序和节奏。也就是说，缺少法约尔所说的管理职能，缺少计划、组织、指挥、协调和控制，以及承载管理职能的体系。

不过，福特到死都没有意识到，建立管理体系很重要。但有一点他很清楚，装配现场的这种状态是不能接受的，即便实现了一分钟一辆汽车，也是一件很丢人的事。后来芝加哥一家肉联厂用流水线方式分割牛肉，给了他很大的启发，于是就创立了工业化的固定流水生产方式。

福特很幸运，通过开发流水生产线，获得了支撑流水生产方式的管理职能。只不过管理职能的担当者，主要是工程技术部门的经理和生产线开发的设计师，当然还有其他部门的经理人员，以及顶尖的各类专家。但是，这只是在技术 / 经济层面上实现了管理，即计划、组织、指挥、协调和控制。

福特公司并没有真正意义上的管理体系，没有建立管理当局与职业经理人阶层，而是依靠行政权力系统，支撑着流水生产线以及背后的管理职能工作。正因为缺乏管理体系，导致福特公司无法构建人与人之间的关系体系，无法在社会 / 心理层面上实现分工一体化，从而持续提升企业价值创造能力，适应变化了的竞争环境。

有意思的是，现如今有了管理的概念，而且"管理"成了一个公认的美妙词语，许多企业都喜欢冠名管理，把企业中的行政体系视同管理体系，把行政等级体系中的经理人视同管理者。徒有其名，没有其实。

行政体系不等于管理体系。管理体系与管理职能相对应，与法约尔所说的五项职能要素，以及 14 项管理原则相对应。一般而言，行政体系没有管理职能要素和管理原则的内涵，也没有职业经理人阶层及管理素养的支撑。

在一些企业中我们可以看到这样的情况，老板依靠财务部门和计划部门设定指标，主要是财务性质的业绩指标，然后依靠行政权力系统对业绩指标进行分解，落实到各业务部门。剩下的就是盯跟催，直至完成指标任务。整个过程毫无管理可言，与卓有成效的管理者相去甚远。

在行政体系上的经理人员，往往不从事管理职能工作，不从事价值创造的活动。在这方面，德鲁克讲得很清楚，管理者必须与企业价值创造的活动及最终的成果有关，要成果导向，为最终成果做贡献。

　　还有一些企业压根就没有管理，很多事情都处在处理的状态下。很多经理人实际上不是管理者，而是处理者，是老板的助手或帮手。企业挣钱的本事是靠老板，靠外部的资源和关系或人脉关系，企业内部并没有发育出创造价值的能力，以及核心技术和核心能力。一旦外部的资源枯竭，人脉关系断了，企业挣钱的本事也就消失了，企业的核心能力也就没有了。

　　在那些企业中，经理人员每天做的事情，不是培育企业的价值创造流程和核心竞争能力，不是管理职能上的事情，而是建立和维护企业外部的资源和关系。一旦外部出事，不仅企业跟着出事，经理人员也跟着失去了存在价值。

2

管理体系的构成

管理体系是由管理当局以及职业经理人阶层构成的。职业经理人员包括公司的总经理、部门经理、总工程师、总会计师、总设计师或总架构师等，是他们按照管理职能和管理原则的要求，支撑着管理体系和它的正常运行。

另外，按照德鲁克的说法，掌握技术和知识的专家顾问、业务代表、市场调研人员、信息管理人员等，也是支撑管理体系的经理人员。他们虽然没有直接的下属，却对企业的最终成果产生直接而关键的影响。

从理论上说，他们应该拥有相对的自由选择空间，他们有权发挥自己的天赋和才干，并按照自己认为合适的方式做对，而不是简单地听命于老板。

应该指出，企业当局主要是指董事会。企业当局或董事会，因企业性质的不同而不同。过去的企业当局或董事会大都属于行政当局，随着现代企业制度的落实，未来的企业当局和董事会理应转变为管理当局。

在工厂制转向公司制之后，经过上百年的努力，西方社会绝大部分企业都陆陆续续建立起了公司的治理结构，也称现代企业制度。在这个制度下，老板及行政当局，理所当然要被管理当局所取代，至少在口头的说法上是这样。

然而回到实践中，从企业当局转向管理当局，并依靠管理当局构建管理体系，是一个漫长的过程。福特公司的这个过程至少走了19年，要不是福特二世上台，这个过程可能还要更长，要不是福特二世遇到了濒临破产的麻烦，这个过程可能不会发生。

现如今，中国很多企业都没有建立起真正意义上的现代企业制度，管理当局及职业经理人阶层并没有形成。这些企业看样子是要步亨利·福特的后尘了。

即便完成了现代企业制度建设，构建了管理体系，有了管理当局及其职业经理人阶层，企业也未必真正能够改变性质，把企业变成一个劳动者的共同体，以适应未来发展。这是后话，留待下面讨论。

在管理体系下，每个经理人员从事的职能工作都是双重的。例如，一个乐队的指挥从事的职能工作，一是专业职能工作，二是管理职能工作。作为专业职能工作，他必须是一位音乐家，一位音乐的行家里手；作为管理职能工作，他必须满足乐团和听众的需求，必须对演出的全过程以及最终的效果进行计划、组织、指挥、协调和控制。

作为管理职能的工作者，乐队指挥的"管理权"必须来自行政当局或管理当局。没有权力中心的任命或授权，他就无法有效地指挥乐队成员，使整个乐队处于协调一致的管理状态。

同样地，在福特工厂中从事生产线开发的工程技术部门的经理，以及生产作业流程的设计师，也担当着双重的职能工作，他们既是工程技术方面的专家，又是管理职能的担当者。他们必须考虑整个生产作业全过程的投入与产出；必须考虑各工序的能力指数，以及输入和输出的衔接与平衡；必须考虑在失去平衡或者出现偏差的情况下，如何发现偏差，找出原因，纠正偏差，以维持生产作业流程的正常运行。

工程技术部门的经理和生产作业流程的总设计师，必须同时考虑生产作业过程的计划、组织、指挥、协调和控制，必须考虑各工序的划分，以及各工序之间的衔接与平衡，所谓分工一体化。

换言之，在开发与设计生产作业流程的同时，把管理职能也设计到生产作业流程之中。未来的趋势是，生产作业流程的自动化和智能化。生产过程中的管理，将更多地依靠信息网络系统来完成。

应该指出，工程技术部门的其他人员不是管理者，他们从事的是工程技术职能工作。他们的工作与财务、会计、安全和商业职能人员的工作没有本质的区别。

同理，那些从事"人事结合"工作的人，比如福特工厂中 5% 的技术员和技术工人所做的事情，也属于专业职能工作，而不是管理职能工作。

现如今，企业中的人力资源管理部门，除了部门的经理和人事体系设计的专家以外，其他人都不是管理者，不是企业管理职能的担当者，他们从事的是辅助工作，属于管理方面的辅助职能的部门。

3

管理体系的演进

在产业社会的历史源头，生产活动领域是企业强有力的竞争武器或企业的创富谋利的主要手段。很自然，管理体系应该在那里产生，在那里演绎发展，并打上那里的烙印。

随着企业竞争和逐利的领域从生产活动领域，延伸到商务活动领域、技术活动领域以及其他各个领域，企业的管理体系也延展开来，它针对的不再是生产作业过程，而是企业价值创造全过程。

管理体系的目的，不仅要提高效率，而且要创造财富。按照德鲁克的说法，不仅是提高企业的绩效，还应该使现有的资源能够创造出更多的物质财富或价值。更重要的还有，培育功能型的团队，培养后期的经理人才。

英特尔公司总裁格鲁夫，以门店提供西式早餐为例，来描述一个企业的价值创造过程的演变，以及支撑这个过程的管理体系的演变。由此告诉每一个职业经理人，应该如何从事管理职能工作，或者在管理职能方面应该考虑哪些因素和事情。

假如一份西式早餐只有三样东西——面包、鸡蛋和咖啡，如何把这三样东西做好呢？这首先是生产活动领域的事情。

当生产与消费对接时，就形成约束条件，主要是质量、成本和交货期。消费者需要在5分钟内吃到物美价廉的早餐，包括香喷喷的面包、热气腾腾的咖啡、软硬适中的煮鸡蛋。

在没有管理的条件下，店堂经理和领班就会花钱雇用小工，并驱使他们努力工作，以应对消费者的随机要求。为了降低成本，这些老板免不了会压低工资，延长工作时间。生意好时，也许会给劳动者提工资提奖金，生意不好就解雇人。这是典型的行政式统合的方式。

随着门店消费者的增多，聪明的老板就会想到以机器代替人力，在关键环节添置一些设备。这就是法约尔所讲的"组织"，也就是经济学讲的资源配置。

"组织"环节里的事情很多，老板不一定忙得过来，也不一定懂这个事情。例如，哪个环节是瓶颈，是煮蛋还是烤面包？设备是自己开发还是购买？什么样的设备及其性能和规格合适？谁来负责这件事情？这件事情的目标是什么？能否控制品质、降低成本、缩短交货周期？等等。

老板就会雇用职业经理人来帮助打理这些事情，同时要求职业经理人承担对这件事情的责任。责任承担的多了，权力也就大了。责、权、利是对等的，职业经理人天生就是对做事情承担责任的人，自然会获得做事情的权力，也称事权。

对老板而言，只有最终的财产责任是让渡不了，很少有经理人能为老板的财产承担最终责任。因此，一般企业的老板都会控制财权，为了控制财权需要控制人事任命权，还有利益分配权。可见，老板的累主要是心累。

事情并没有到此结束，只要生产作业流程的某个环节以机器代替人力，增加连续加工的设备，就会迫使企业逐步形成生产作业的流水线。背后的经济动因就是，扩大生产规模，降低生产成本，缩短生产周期等，从而在质量、成本和交货期上更好地满足消费者的需求。

成败的关键是，依靠管理把生产作业流程衔接起来，例如，把采购、原材料的品质与价格控制、生产作业准备、面包烘烤环节、咖啡制作环节衔接起来。按照法约尔管理思想，需要做"计划"，包括生产作业流程的设计，以确保各工序能力的匹配与平衡。还有，制订生产作业计划（如甘特图），确保每个煮蛋、每份面包和每杯咖啡，都能及时搭配成一份份热气腾腾的早点，送到每个消费者手里。

只有"计划"还不行，还需要"组织"人员，有效配置人员，让他们按照"工作"要求"做工作"。

计划赶不上变化，通常需要"指挥"，以维持整个过程的平衡。如果有人不听话，或者产生了纠纷，还需要"协调"，包括沟通、指导、帮助、约束和激励，以提高劳动者承担责任的意愿和承担责任的能力。另外，还要对整个生产作业过程进行调度，平衡各个环节的投入／产出。

最后还需要"控制"，对各环节制定标准，包括原材料采购的标准、各项作业的标准、机器设备的维护保养标准。有了这些标准才能进行检查与纠偏，确保整体的协调。

如此一来，老板需要雇用更多的经理人。随着企业生产规模的扩大，经理人员会不断增加，最终会在老板与员工之间形成一个阶层，一个具有职业性和专业化的阶层，统称职业经理人阶层。

无论老板愿意不愿意，经理人员的职业性只能体现在照章行事上，而他们的荣辱去留应该由制度说了算，至少不完全由老板说了算。换言之，依靠事先约定的制度性规范，为职业经理人提供身份、地位和利益上的保障。

4

管理体系的突变

最初的竞争并不激烈，至少不处于对抗的状态。企业要处理的问题相对比较简单，只需要把握市场的动向就可以了，以保持供求之间的平衡。减少各环节的库存，消除混乱、无序和失效。

竞争对手总会想方设法利用供求关系逆转态势，把竞争引向深入，引向顾客端。竞争的格局由此改变，从满足顾客的需求转向争夺顾客，从而使供求矛盾愈演愈烈，最终会迫使企业内部的价值链倒转过来，统一于顾客的需求。

在这种竞争状况下，企业中的事情就不能由老板一个人说了算，尤其对那些量产量销的企业更是如此。

对职业经理人来说，要更多了解顾客的需求，而不是听从老板的要求，除非老板的要求合乎顾客的需求。

生产在企业中的地位会逐渐弱化，而接近客户端的门店的地位会逐渐提高。同时要求前后台各部门协调起来，尤其要求门店的人员必须每天认真记录门店的实际销售情况。例如，多少份早点没卖出去？有多少份早点放了多少时间才卖出去？顾客对产品品质的反应如何？等等。

更麻烦的是，顾客什么时候来是随机的，各部门必须实时协同，而且从采购、生产到门店销售，这条价值链很长，为这条价值链工作的人又很多。如何使他们时时协同起来，事事协同起来？

这就需要有一套的指标和数据，系统地反映整个价值链的运作状态，反映供求之间的匹配状态，反映价值链各环节的协同状态。

英特尔公司的格鲁夫认为，至少应该要有这样一套指标，即预计销量、现有库存量、设备良好率、人员数量和客户满意度。这套指标是监控关键环节和事项的，以用有限的管理精力和时间，对整条价值链进行有效控制。

另外，为了减少管理控制上的成本和代价，必须给各个指标设定区间数值。例如，库存量超过 200 单位，就要减少库存，加大出货力度，加强促销；反之，库存量降低到 100 单位，就要及时进货。因此，库存量的区间数值就是 100 ～ 200 单位，否则就是管理不足或管理过度。

门店的人员必须在销售现场按照指标要求，按照反映经营实况的要求，及时采集、处理和传递一手信息。

　　要让门店人员在销售现场认真观察和记录一手信息，并向信息管理中心及时、完整和准确地传递信息，谈何容易。他们的认真程度很难用指标测量，也很难进行监督和控制。不能用行政手段就可以简单奏效的，必须依赖现场的经理人员的管理素养，认真做好深入细致的工作。

　　主管人员必须依靠信息进行统计分析，进而进行判断与决策，然后发出指令让各部门做出响应，协同起来纠正偏差。

　　采购人员必须根据销售的情况，与供应商协调好，把控进货批次和批量。生产部门必须把握生产作业的进度，形成产销协同的状态，使生产的期量和销售的期量同步，快了也不行，慢了也不行。

　　随着竞争的进一步加剧，企业要考虑的事情就会更多，管理涉及的因素就会更多。但排在第一位的是销售前端的事情，门店人员不仅需要有更多的服务内涵，还要有更多的创意，以维护与主要顾客的关系。

　　围绕着创意，需要提供实质性的内容，包括品质的改善、响应速度的提高、门店用餐环境的提高等。另外，随着顾客消费效用的递减，还得提供新的产品和服务，以给顾客更多的生活体验等。

　　企业就不能靠持续的降价来维护与顾客的关系。只知道便宜招揽顾客，会使企业进入穷途末路。这时候，生产只是成本，生产活动不是竞争的武器。产品要是卖不出去，产品要是不能迭代，创新、营销、生产就成了纯粹花钱的领域。

企业必须依靠知识劳动者，依靠专业化的高端团队，建立管理当局以及职业经理人阶层来驾驭各部门，构建分工一体化的关系体系。尤其在社会／心理层面上，而不只是在技术／经济层面上，构建分工一体化的关系体系。

构建分工一体化的关系体系，说白了，就是对企业中的所有人一视同仁，以激发所有人都愿意为顾客做贡献。

尤其要激发服务人员、销售人员、创意人员、信息人员和开发人员等，为市场、顾客做贡献的热情，他们都是为企业的创新职能和营销职能工作的人员，必须使他们的天赋、主动性和创造性充分发挥出来。

管理当局和职业经理阶层的职责和任务，就是使各个层面上的全体员工有效地协同起来，面向市场，背靠老板。有人说，"脸朝向顾客，屁股朝向老板"。

不妨多说几句，单纯的体力劳动者将会逐渐消失，知识劳动者将成为价值创造活动的主体。他们的自我意志和自主意识，决定着执行力的强弱。行政权力在那里已经行不通了，至少是无效的。

18 年来，腾讯公司关键性的产品创新，如 QQ 秀、QQ 空间和微信，都是源自中层和基层的自主创意，而不是高层领导的高瞻远瞩和胆略。

这说明，老板及企业当局，需要从行政权力体系中解脱出来，转变为管理当局，转变为管理者，并依靠职业经理人阶层，形成有效的管理体系。这也许是历史上发生"两权分离"的原因。如果一个老板看不到这一点，看不到正在发生的未来，看不到现代企业需要一个管理当局及职业经理人阶层，那么企业的生命活力就不可能进一步得到强化或维持。

这一点福特并不是很清楚，他只知道用流水生产线来减免劳动者的麻烦，这抑制了管理当局和职业经理人阶层的形成，导致价值创造流程僵化且难以增加柔性，可谓背道而驰。

5

管理的合法性

管理合法性的基础只有两种：一种是企业的所有权，名义上在股东大会，实际上在老板手里；另一种是企业的根本大法，如同一个国家的宪法或宪章。

最初的经理人员都是老板或行政当局雇来的人员，也可以称为雇员。他们是来帮老板或行政当局的，他们所做的事情不是由自己说了算，而是由老板或行政当局说了算。

即便经理人员见识了法约尔的说法，懂得计划、组织、指挥、协调和控制的重要性，也不能忘乎所以。管理的合法性基础，或者说行政性权力的合法性基础，在老板那里。自己作为经理人员的身份和地位是否合法，是由老板或行政当局说了算。如果一个经理人违背了老板或企业当局的意志，很有可能被炒鱿鱼。

例如，以人为本，讲的是应该如何，而不是实际如何。经理人员不能贸然按照管理学的说教去做，要弄清楚当老板或行政当局的真实意图，不然弄不好给老板添麻烦。没准老板想的是要以奋斗者为本，或者要以业绩为本。说的与想的，往往不是一回事。

在 20 世纪 20 年代，AT&T 公司的总裁费尔强调本公司以服务为宗旨，而不能以盈利为目的。毫无疑问，费尔的理念是符合管理学的主张的，也是符合社会发展的客观要求的。但是，董事会不认可，认为费尔违背了企业的性质，企业是以盈利为目的，所以把他给解雇了。

那个时候，企业强调以盈利为目的，企业的目的是利润最大化，不能说改就改。这是企业的性质，不由费尔说了算，而是由老板或行政当局说了算。

在产业社会的历史起点上，在传统的企业中，经理人员的工作是简单的，没那么纠结，只需要听命于老板或行政当局就可以了，否则会适得其反，丢掉饭碗。

随着时代的进步和社会成员的觉醒，尤其是组织理论的发展，老板和行政当局普遍变得开明了，企业的性质也有所改变。但是，有所改变并不等于根本改变。

职业经理人阶层虽然有自由裁量的空间，他们也必须按照"发展企业、成就顾客、超越对手"三者平衡的要求，选择正确的事情去做，否则很难体现出他们的专业性和职业性。

从这个意义上说，他们的管理的合法性基础，并不完全来自老板，还应该来自顾客和员工。

迄今为止，产业社会依然推行的是现代企业制度，一种代表股东利益的企业制度。职业经理人阶层并没有崛起，与普通员工一样，都是打工者，只不过是高级打工者而已。

诚然，老板和行政当局也不会无视顾客和员工，产业社会也一定会向自然道法回归，这里的关键是加强企业的制度理性。按照西蒙的说法，企业是实现社会目标的一个有效工具，关键是提高每个人的理性程度，其中应该包括老板个人的理性程度。

当然，这种转变是漫长，需要兼顾企业的短期利益和长期价值，需要本着企业长期发展的客观要求进行渐变，最终脱胎换骨。

6

二次创业的实质

很多企业都在说二次创业，但其实并不清楚二次创业的实质是什么？一次创业向二次创业转变的实质是，用制度的理性权威代替创业者老板的个性权威。确立企业的根本大法，使管理的合法性建立在根本大法之上，由此发育出管理体系，以及管理当局和职业经理人阶层。

众所周知，企业内部依靠有形的手，协调人与人之间的关系；企业外部依靠无形的手，协调人与人之间的关系。

企业内部的关系是复杂的，谁说了算呢？过去是老板说了算。老板凭借个人的品行、创业的功绩、做事的胆略，自然获得个性上的权威。要想把这种老板个性上的权威，转化为制度理性上的权威，转化为管理当局说了算，这是一件很难的事，但又是一件不得不做的事情。

难在哪里？一是创业者老板愿意不愿意放下，二是职业经理人阶层能不能担当得起来，麻烦在于两者互为前提、互为因果。这不是鸡与蛋的故事，不是先有鸡，也不是先有蛋，这是一个演变的过程。

个性权威和理性权威互动交替的过程，就是老板与职业经理人之间互动的过程。说白了，老板要愿意放下，职业经理人阶层要愿意担当。

毫无疑问，创业者老板必须是第一推动力，依靠自身的觉悟，推动这个"个性权威和理性权威"互动与交替的过程。

老板要没有这种觉悟，职业经理人阶层就不可能承担起管理的责任。然而，创业者老板并非圣贤之人，往往做不出这样的决策，也会犹豫不决，前怕虎，后怕狼。最后结果一定是错失良机，断送企业的前程。

要知道，管理体系以及管理当局与职业经理人阶层，只能建立在制度理性权威的基础上，不可能建立在老板个性权威的基础上。

如果职业经理人必须看着老板的脸色行事，那么他就不会自然确立公司的立场，相反，他会在不断的纠结和折磨中失去公司的立场，乃至失去自己的职业性和专业性。这个过程可以视同为"被奴化"的过程，美其名曰，培养对企业的忠诚度，实际上是培养对老板个人的愚忠或顺从。

如果职业经理人在企业中的名誉、利益、身份和地位得不到制度的保障，那么他的行为举止就不可能依靠理性的制度去做，就不可能站在公司的立场上思考问题，选择正确的事情去做；相反，他很有可能是明哲保身，明知不可为而为之。

这种自我超越的实质是放下自我，确立起公司的立场。按照公司长期发展的要求建立制度。

包括平时的言谈举止，老板都要做到不厌其烦、明白无误。不厌其烦地告诉每个职业经理人，他们可以不相信老板，但绝不可以不相信制度；明白无误地告诉每个职业经理人，唯有确立起制度的保障，才有可能跨越人的寿命，使企业持续发展。

仅有老板的觉悟是不够的，还需要职业经理人阶层做出积极的响应。很遗憾，很多职业经理人缺少担当，不喜欢为企业承担责任。相反，他们喜欢揣摩老板的心思，并依靠老板的权威做事，所谓大树底下好乘凉。不经意中，让老板一个人处在市场的风口浪尖上，处在无市场竞争的压力之下，处在企业内部争权夺利的漩涡之中。

久而久之，习惯成自然，老板与职业经理人就成了主仆关系。大树底下不长草，职业经理人彻底失去了对环境的好奇心和观察力，失去了独立思考的能力以及主动性和创造性。这是企业的悲剧，也是经理人员职业生涯的悲剧。难怪有人会问，中国真的有职业化的经理人吗？

从实践的经验来看，有不少企业真的希望建立起新规则，建立适度理性权威，但结果不尽人意。在很多企业、个人权威没有破除，依然是一个人凌驾于制度之上，就像封建帝王所说，"朕言即法"。

这导致普遍的制度意识培育不出来，人们似乎更相信人脉而不是制度。另外，普遍的诚信建立不起来，普遍的工作热诚就很难唤醒。一如既往，经理人员心安理得地寻求自我保护，沉浸在打工意识和赚钱意识之中。最终结果迫使老板走上业绩导向之路，追求短期业绩。企业就这样在二次创业的路上逐渐衰退，没有持续增强的生命力。

深究其原因，是创业者老板没有真正觉悟，没有真正想明白：二次创业究竟意味着什么？自己在二次创业中应该扮演什么角色？二次创业究竟需要多少时间？一句话，精神准备不足。

二次创业的路是漫长而曲折的，不可能一蹴而就，不能操之过急。必须三思而后行，百折不回头；必须亲力亲为，亲自操刀。二次创业不是别人的事，是创业者老板自己的事。

二次创业，对职业经理人来讲，就是一次创业，对创业者老板来讲，才是二次创业。老板没有别的选择，必须再接再厉，依靠理性规则，缔造一个百年企业。开句玩笑，就是自己挖一坑，把自己埋了。

美国梅奥诊所的创立者就这样，经过了一二十年的漫长过程，完成了制度性的转变，把企业的合法性基础建立在企业的根本大法上。梅奥诊所已经有 150 年的历史，生命力依然强盛，至今没有任何衰败的迹象。

梅奥创业者的做法是，按照百年企业的客观要求不断思考，探索前行的方向，其中包括关键性、制度性的安排，使关乎企业性质的转变，放在更大的时间和空间范围内进行。

很多事情都应该这样，每个创业者老板都要有自己的理想和追求，按照理想的状态形成自己的追求，形成企业的使命，所谓志存高远。然后，把眼光放得远一些，追求放得高一些，不忘初衷，牢记使命，一步一步地予以实现。

在这个追求的过程中，寻求或邀约志趣相投的人，形成企业的治理结构，不断努力，直至企业的性质改变，变成一个全体劳动者的共同体。

思考题

1. 管理体系与行政体系的区别是什么？

2. 行政体系如何向管理体系转变？

3. 企业家和商人有什么区别？

第 4 章

管理的层次

　　在企业管理当中，人们关注的是管理的机构，即所谓部门的组织结构，而忽略管理的层次。殊不知，只有把管理的层次设定好了，才能够进一步探讨管理的机构。

　　很重要的原因是，人们沿用的行政当局和行政体系的思维，思考管理层次问题，而忽略了用管理当局和管理体系的思维，去思考管理层次问题。

　　在管理体系下，不同的管理层次有其自身的功能和作用。高层管理、中层管理和基层管理，相互依存、相互作用，共同构成了一个完整的管理体系，支撑企业分工一体化的关系体系，支撑着企业的价值创造流程和能力。

　　如果我们在管理上没有清晰认识，就很容易犯错误，很容易在管理层次的定位上背离企业长期生存发展的要求。一旦管理层次定位发生偏差，整个体系就很难逆转，就会形成一种内在的失败逻辑，不可逆地把企业拖向失败。

　　如《失败的逻辑》一书中所说，失败不是晴天霹雳，突然降临的，而是从一开始，就在系统中植入了失败的种子。随着系统的发展，失败的种子会在那里生根、发芽、开花和结果。不仅吸收系统的营养，而且还会不可逆地把系统拖向失败。具体而言，企业会走上业绩导向的不归之路。

从这个意义上说，管理不是一种观念，更不是一种常识，而是一套系统的知识，其中大部分知识不为常人所知，还没有成为常人习以为常的知识。相反，很多企业不断地在管理层次上重蹈覆辙，却不知道错在哪里，更不知道从一开始就错了。

1
管理的三个层次

很多管理学教科书都会说，受管理幅度的影响，管理需要有管理层次。很多书中，一般会根据经验告诉大家，一个管理者只能管七个人。言下之意，超过七个人就要增加一个层次。

这就给了学管理的人一个深刻印象，管理的层次是这样来的。一旦这种说法变成常识，人们也就不再深入思考了。不再思考什么是管理的层次，管理为什么需要层次等。很多人一直误认为，管理的层次就是管多少人形成的层次。

现如今，人们开始关注组织扁平化的话题，却不知道从何入手去解这个题，压根儿不知道叠床架屋的组织从何而来，它的内在动因是什么。概言之，不知道管理层次的概念和原理是什么。

西蒙对管理层级的理解是上位决策，下位执行，似乎各层级的存在是为了落实上级的决定和命令，为了把决策转化为行动。西蒙还停留在行政权力系统的科层制思维上。在这种思维框架下，几乎不需要讨论各管理层次的功能和职责。

行政化的科层制结构，适合于以往的时代，并不适合于现代。自1900 年以后，产业社会已经变成一个高度社会化分工的体系，每个企业只是这个体系中的一个环节，各个企业之间形成高度依存的关系。这就是德鲁克所说的，功能型社会。

在这个功能型社会中，每个企业都必须参与到这个分工一体化的关系体系之中，提供有限的产品或服务，依靠这个体系维持自身的再生产循环，并为社会的再生产提供支持和帮助。企业与社会，两者相互依存、相互作用。

借用波特的产业链思维来说，每个企业都是产业链中的一个环节，与上下游企业以及最终的消费者，共同构成了一条产业价值链，形成了一系列的供求关系。

一个企业有没有存在价值，主要看其在产业价值链上的地位和作用，只有上下游企业乃至于最终消费者都离不开你的时候，企业就有了存在下去的价值和理由，也有了生存和发展的空间。

企业必须在产业价值链上形成功能并发挥作用，成为产业社会中的一个功能型机构。也就是说，企业在产业链上必须要发挥功效，要有创造价值的能力。这种创造价值的功效和能力，来自企业内部的价值链或价值创造流程，来自分工一体化的关系体系。

管理存在的目的，是支撑企业的价值创造流程。管理体系的各个层次，从高层、中层到基层，自上而下，逐层支撑着企业的价值创造流程。因此，企业必须从行政化的官僚体系或科层制中解脱出来，按照价值创造流程配置管理力量，并使管理体系的各个阶层围绕着价值创造流程展开运作。

随着供求关系的逆转，知识劳动者在价值创造流程中的地位和作用不断提高。金钱本位的时代，一定会被知识本位的时代所取代；资本主义的生产方式，一定会被人本主义的生产方式所取代。与此相联系，自上而下的行政化体系，一定会被自下而上的管理化体系所取代。

可以断言，在知识劳动为主体的企业中，如果现在不完成这种转变，那么到了互联网时代，想转变都没有条件了。互联网时代的管理更趋向于扁平化和流程化，过去那种上传下达的官僚体系及专业职能平台，在互联网时代将失去存在的价值，即所谓跨中间层或去中介化。

首先，基层管理的职责是使工作者有成就。每个基层经理人，要提高工作者承担责任的能力和意愿，帮助他们做好工作，并使工作者能从工作中获得成就感。这就是所谓经理人管人事。

其次，中层管理的职责是使系统有效率。每个中层经理人，要不断强化价值创造流程的内在统一性和外在适应性。为基层工作者提高工作效能创造条件。同时，为高层工作者选择正确的事情去做或正确决策，提供依据和保障。正确的思想和解决问题的办法，通常来自一线人员，来自与顾客打交道的现场人员，来自实际做事情的人员。

最后，高层管理的职责是使企业有前途，使分工一体化的关系体系有未来。每个高层管理者要不忘初衷，在使命的召唤下坚守本行，努力使企业的能力与顾客的需求之间产生良性循环。

要想做到这些，必须从根本上唤起全体知识劳动者的良知和良心，站在公司或共同体的立场上努力工作，发展自我。

管理的三个层次有各自的功能和职责，不仅纵向要衔接，而且横向要打通，形成三个层面。值得一提的是，在三个层面之间，不应该有自然的晋升通道，更不应该有自然上升的自动扶梯。这样做的目的是为了引导经理人员走职业化和专业化的道路，强化在各个层面上的横向合作，避免经理人员的纵向攀附和投机取巧，从而抑制圈子文化、山头文化与官僚文化。这在东方文化以及官本位的国度里，尤为重要。

2
高层管理的职责

如何使企业有前途？梅奥诊所的实践是，最大限度地唤醒知识劳动者的良知和良心，充分发挥他们的天赋、主动性和创造性，全心全意地为顾客或患者服务。

巴纳德认为，一个企业可持续发展取决于两个条件，即共同的目标与协同的意愿。两个条件相比较，建立"协同的意愿"这个条件很难，"共同的目标"则相对容易。

所谓共同的目标，应该包括使命、愿景和战略。高层管理者或管理当局，也许需要阶段性地审视一下自己的使命和愿景，包括使命和愿景是什么，应该是什么，可以是什么等。但一般不会随意更改，尤其基于理论思考的选择。

即便要做出调整，也只是在战略上调整一下路径和节奏，更多的是强化战略资源的配置，强化经营模式上的薄弱环节等。这些战略上的调整，最终的落脚点是支撑经营模式的价值创造流程。

借用德鲁克的说法，通过强化经营模式及价值创造流程，使现实见利见效，并拓展未来战略的自由空间。战略不是做未来的事，而是要做现实的事，要立足于现实的事情，使现实的事情，做得更具有未来的战略意义。

相比之下，唤起普遍的协同意愿，持续提升企业的能力，在空间上更具有全局性，在实践上更具有长远性。梅奥诊所的选择是正确的，也是它获得成功的根本原因。

唤起知识劳动者的协同意愿，是当今产业社会的一个大难题，有赖于企业制度的创新。可以说，只要唤起知识劳动者的协同意愿，任何企业都有存在的价值，都有活下来的理由。

很多医疗机构都参访过梅奥诊所，留下最深刻印象的是梅奥诊所的每一个人，包括医生和护士，都能够自觉自愿、自动自发地在为顾客或患者做服务，紧张而有序，且没有指挥和命令。每个人的眼里都有活，知道什么时候该干什么事，知道怎样做、做到什么程度，才能让顾客或患者获得良好的治疗和体验。

按照德鲁克的说法，董事会或管理当局最重要的事情，就是对全体员工的良知和良心进行管理。他认为，一个企业只能在精神境界的范围内成长，只能在从最高层领导到最基层员工都认定的精神境界范围内成长。要想使一个企业持续成长，必须不断地提高全体员工的精神境界。

很多企业不禁要问，怎么才能做到这一点？管理学有很多说法和招数，众所周知，耳熟能详。例如，通过企业文化建设，倡导一些核心价值观和企业精神，来提高员工的境界和意识。这一切有用吗？结论是收效甚微。

后来有人说，只有善待员工，才能让员工善待顾客。好像戴尔公司 CEO 戴尔就说过这样的话，要想让员工像老板一样工作，就必须给员工像老板一样的感觉。这是否就是对"善待员工"的一种注解了呢？很遗憾，戴尔只是说说而已，他的员工和其他公司没有什么区别，星星还是那个星星，月亮还是那个月亮。

不过梅奥兄弟成功了，他们的做法很绝，把全部资产都捐给了公司，并放弃剩余价值的索取权。开句玩笑，虽然不能让全体员工像老板一样富有，但可以让老板像员工一样一无所有。

梅奥兄弟为这事思考了很久，他们最终想明白了，要想让知识劳动者为共同的事业努力工作，老板必须首先做到一心一意为共同的事业做贡献。如果老板想的是如何挣钱，挣到更多的钱，那么知识劳动者也只能这么想，自己如何在企业中挣钱，挣到更多的钱。

老板自己想着挣钱，以为有了钱就可以驱使更多的知识劳动者站在公司的立场上，去实现老板刻画出来的伟大理想和愿景，这不合逻辑。用脚后跟想想就知道，这不可能。

何况梅奥兄弟的愿景是很大、很长远、很神圣的。必须拿出足够的诚意，来表明自己的姿态，放下自我，彻底站在公司的立场上，真心邀约各位志士同仁，共同追求美好的前景。梅奥兄弟非常清楚，这不是什么道德垂范，这是最基本的社会和经济的法则。否则，无法唤醒术有专攻的医生和聪明绝顶的经理人员。

梅奥兄弟想得很明白，单凭兄弟两人之力，很难在医疗行业干成大事业。1896～1919 年，他们想了 20 多年才下定决心，为了公司的未来，悉数捐出名下的资产。这是没有办法的办法，成功只此一举。

这与其他企业"500 大""500 强""500 年"的愿景不同，它们追求的是规模和数字指标，多少和共同挣钱沾一点边，和利益交易沾一点边。那些企业不敢像梅奥兄弟那样放那么大的招儿，摆那么高的姿态。

这样做，也许可以感化和感召全体员工，但最终能不能做到，兄弟俩并没有把握。即便有这种可能，也需要在足够长的时间跨度中，在足够大的空间范围内，亲力亲为，倾注心血，并加以实践和开示。而且，在这过程中还不能犯错误，成功只有一次机会。用彼得·蒂尔的话说，科技和商业史上的每个重要时刻都只有一次机会。

按照德鲁克的说法，知识劳动者本质上是自我引导的，不能像福特那样，用胡萝卜加大棒进行驱使。能不能最大限度地激发知识劳动者的自我引导力量？与知识功劳动者能不能肝胆相照？作为高层管理者，梅奥兄弟已经尽力了，他们能做的事情都做了，剩下的只能听天由命了，即所谓尽人事、听天命。

在金钱本位的世界里，这样做确实风险很大。绝大多数老板不敢把自己托付给员工，像夫妻一样，同甘共苦，风雨同舟。大部分老板能做到的是，把员工当作生意伙伴，有钱一起挣，有利大家分。

当梅奥兄弟着手治理属下诊所的时候，也就是希望那些诊所的合伙人或医生放弃股权的时候，一些人开始有意见了。这世界好像就是这样，为了长期发展，为了共同的事业，让大家都放弃股权太难了。天堂和人间的区别就在于，要想建立人间天堂太难了。

后来，随着管理实践的一步步展开，以及合乎逻辑的系统治理，认同和拥护的人越来越多，现如今，梅奥诊所已经成为医疗行业的典范。

由此而论，人类社会繁衍到今天，靠的不是人云亦云的常识，而是少数弄懂道理的思想家及其成功经验的示范。

华为的经验可以作为一种旁证。华为通过稀释创业者的股权比例，建立起一种有效的约束机制，把更多的知识劳动者绑在共同的事业上。从而，绝大多数知识劳动者愿意按照企业长期价值的最大化，持续加强对共同事业的投入，尤其是对技术领域加大投入。

如果企业的老板拥有绝大部分股权，那他本人就很难保持公司的立场，很难按照事业发展的客观要求，加大资本和资源的投入。

由此而论，一个人想要觉悟，想要活明白，是很困难的。百年企业凤毛麟角，这不是危言耸听。

梅奥兄弟想得比较明白，唯有这样，才能让所有人放弃股权，从而摆脱一年一度的分红麻烦，摆脱金钱驱动的逻辑，促使全体员工进入更高的精神层面，去体验丰富多彩的人生。可以断言，金钱驱动的逻辑，迟早会断送企业的前程。

梅奥兄弟是幸运的，他们选择并网罗了一批有精神追求的知识工作者，而不是一群掉在钱眼里的人。他们懂得精神生活的重要性，包括集体的智慧、同事的友善和患者的感恩等所带来的愉悦。威廉·梅奥在回顾这段历史时说道，自己从放弃中获得了更多。

舒马赫说，除了精神领域，人们不可能得到满足。按照叔本华的说法，满足只是暂时性的，满足之后更多的是空虚、不安和焦虑。在产业社会，唯有善举和善意，才能赢得普遍而持久的尊敬，激励更多的人向着更高的文明前行。

100 年过去了，梅奥兄弟当年破解的命题，现正摆在诸多企业老板面前。从这个意义上说，梅奥诊所的经验不是过去的而是现实的，不是道德垂范而是经济法则。

3

梅奥诊所的实践

有人劝企业老板说，你要是当不了董事长，就在企业中当个大哥，当个做生意的老大。

老大代表个人，董事长代表公司，董事长必须要有公司立场。古代开明的皇帝都知道这一点，朕是朕，江山社稷是江山社稷，两者是分开的。不代表自己，就代表公司；代表自己就是老大，代表公司就是董事长。能否成为真正意义上的董事长？关键是觉悟。

1919年，威廉·梅奥像往常一样召开了员工周例会。他向大家宣布，他和弟弟查理博士签署了赠予协议，把梅奥诊所的全部资产归属于梅奥资产协会，以确保梅奥诊所能够坚守一贯的价值主张，并获得可持续发展。

这一举动使梅奥诊所的意义，远远超越了个人合伙事业和家族医术传承的范畴。它成为一个公众企业，一个对天下大众、圣弗朗西斯修女，以及在梅奥诊所工作的年轻人都负有责任的机构。

梅奥兄弟选了哈威克医生作为自己的接班人，并安排他和律师一起组建了梅奥资产协会，并起草了相关的法律条文。条文规定，梅奥资产协会是一家没有资本股权，可以永续经营的慈善机构。协会的宗旨是，为推动医学的进步做贡献，而并非服务于个别人和集团对财富的追求。协会运营产生的净利和协会的资产，不得为任何个人或团体谋取私利。

协会由九名信托人组成，包括梅奥兄弟、诊所合伙人、哈威克医生，还有一位富有经验的律师和一位善于处理纷繁事务的商务人士。这些人不领取报酬，并依照协会的宗旨担负起管理协会的责任，提升人类疾病和伤害的研究水平（包括病因、预防、缓解和治疗），提升卫生、医疗和公共福利的研究水平，推动医药、外科和医学教育，并广泛支持医药、外科和医学领域的研究。

信托人必须履行梅奥诊所和明尼苏达大学之前签署的协议，包括开放诊所设施的使用，同时确保诊所的运营主体仍在罗切斯特，最终目的是建成一家全美一流的医学院，形成"教育、临床与科研"三位一体的发展之路。

梅奥兄弟及其合伙人都同意，把梅奥诊所名下的财产转归梅奥资产协会名下，并全权交由九位信托人接管。截至 1925 年，梅奥诊所的财产估值为 500 万美元，有价证券超过了 550 万美元。梅奥资产协会的收入计入本金。当本金规模超过 1000 万美元时，信托人可以酌情将收入所得直接引向公益捐赠。

作为一家慈善机构，梅奥资产协会不必缴纳联邦税，因此要接受联邦税务官员的定期检查，以确保协会的收入不会非法进入个人腰包。

之后，梅奥兄弟俩开始着手对旗下的诊所进行改造，要求各个诊所不能从收入中分红派息。这意味着每一个合伙人都必须放弃股权，和员工一样领取固定工资。

在梅奥兄弟俩的推动下，梅奥诊所完成了公司制的改造，完成了从合伙制到公司制的转变，一种没有股权也没有利润分享的公司制。当然，梅奥兄弟采用的是自愿的方式，由每个诊所的合伙人自行做出选择，或者加入梅奥诊所的资产协会，或者退出梅奥诊所的公司体系。

之后，梅奥资产协会与各个诊所签订了正式租赁协议，将梅奥大楼及所有设备全部租借给各个诊所。同时，为了避免各个诊所随意提升员工工资，侵蚀诊所的利润，协议中还规定，所有员工的薪水必须经过梅奥资产协会的审议批准。

梅奥兄弟俩都希望给员工以合理的报酬，并做到老有所养，但不希望他们的子女在应该工作的时候荒度人生，不希望他们的子女在应该工作的时候待在迈阿密的海滩。

威廉·梅奥担心业已建立起来的企业宗旨，包括善待患者、善待员工的原则，能否传承下去，现在这批合伙人去世以后怎么办。他认为，应该把这个责任赋予更多的员工，教育他们理解梅奥诊所所面对的问题和政策逻辑。他建议，从员工中选拔人才，围绕业务流程组建各种委员会，担负起管理事务。

选拔优秀的员工，参与到管理事务中来，曾遭到监管委员会成员的强烈反对。梅奥兄弟采取的策略是，先不急于组建各种委员会，而是给出足够的时间，先梳理各项业务，从中发现一系列的改进和改善的机会，并对委员会制度及其作用进行研究，包括对关键的概念进行测试，以统一大家的认识。这是 1923 ～ 1924 年的事情。

许多梅奥人也不认同这一改革，认为委员会制度以及员工参与管理没有意义，到头来，还是威廉博士一个人说了算，他是众望所归的老大。

威廉博士很清楚，从老板个性权威转向制度理性权威是个过程，需要时间。他并不相信革命，认为各诊所制度化理性的运行机制在没有达到满意之前，他必须掌控大局，施加个人的影响力，来推进改革及其制度的建设。

随着时间的推移，人们终于看到了好的结果，员工参与管理的意识越来越强，真知灼见越来越多，而管理当局对员工的意见和建议越来越重视，响应的速度也越来越快。

现如今，梅奥诊所的各种委员会多达 80 多个，全体员工的良知和良心真的被唤醒了。

4

中层管理的职责

中层管理的职责和任务是使系统有效率，不断提高企业价值创造流程的自主通过能力（内在的统一性），不断提高企业价值创造流程的迭代能力（外在的适应性）。

现在人们强调组织机构的扁平化。扁平化的核心命题是流程化，是流程自主通过的能力。只要业务流程能够打通，中层管理的主管或总裁就可以直接掌控价值创造流程的全过程。可以上下管到底，左右管到边，组织机构自然也就扁平化了。

组织机构叠床架屋的原因，是流程不能自主地通过，遇到事情就上报，总裁根本忙不过来。在这种情况下，很多企业不是致力于流程的建设，而是横向分权，分设若干个副总裁，分兵把口，分管一摊儿。

横向分权不是一种有效的方式，权力一旦分给副总裁，需要协调的环节就更多了，需要协调的事情就更多了，需要协调的人就更多了。这就是所谓为管理而管理，为了管理而产生更多的管理。

这里面大多数的管理事情，都不直接产生价值。还弄得经理人很忙，从上班忙到下班，从天亮忙到天黑，忙于开会，忙于处理各种人与事。与其说他们是管理者，还不如说他们是处理者。

这些经理人职务工资不低，职务开支更多，几倍于职务工资，占比还不小，占到全员人数的 5% ～ 8%。加上辅助管理工作人员，以及为经理人或机关提供服务的人员，应该占全员人数的 10%。这是一笔很大的开支，却被用在了不创造价值的人和事上，想想就心疼。

更麻烦的是，横向分权会带来很多弊端，不仅会成为一种动因，推动机构的膨胀，导致机构的官僚化，而且会破坏中层管理体系的统一性，在副总裁级别上形成一个个山头和圈子，形成"部门墙"，影响价值创造流程的通过能力。

按德鲁克的说法，管理者应该从现实的压力中摆脱出来，不能被现实的压力牵着鼻子走。管理者的工作应该直接指向最终成果，管理者应该花更多的时间和精力，持续思考如何才能产生更大的经济成果，选择什么样的事情去做才能产生更大的经济成果等。

如何从处理状态走出来，走向管理状态？关键在于治理。像一个人一样，只有经过调理，才能走向健康状态。中层管理的治理命题和目标，就是打通价值创造流程，或者提高价值创造流程自主通过的能力。这一点与高层管理的治理命题和目标不一样，在那里要解决的是权力结构和制衡机制。

很多企业也明白，要把价值创造的流程建立起来。只是因为这项基础工作非常艰难，非常耗时，不能一蹴而就，于是就不那么坚决，抓抓停停。管理上的事情就是这样，只要停下，就很难再拿起来。

可是企业是不能停的，现金流是不能断的。自然的选择就是从容易的地方下手，以管人的方式组建部门，形成专业化的部门结构，依靠更多的经理人去推动业绩。这就南辕北辙了，与建设价值创造流程背道而驰。

5

对流程纵向授权

即便没有构建流程这件事，在中层管理的层面上，也要尽可能避免横向分权。要更多地考虑纵向授权，主要是向基层、向价值创造过程的劳动者授权。就像梅奥诊所那样，让更多的员工参与到管理中来。

众所周知，责权利是对等的，流程中的劳动者本来就应该保有相应的权力与利益，包括按照自己的长处做成一件事情的权利，以及使用资源与选择方法的权利。我们现在所说的分权和授权，准确地说应该是还权。

具体的方法就是，通过例外向例常转变，逐步地放权或还权。具言之，把那些例外的事项转变为例常的事项，进而制定相应的规程，由当事人自己处置。这叫例常性的或程序性决策。

　　企业中有大量的事情是重复出现的，有些是可以预见的，完全可以预先制定规则，凭当事人的判断力，做出准确的决策。这样就可以大大减少管理者的压力，腾出时间和精力放在产生成果的事情上。

　　管理者经常要做的事情是，帮助流程中的劳动者识别什么是例常事件，什么是例外事件，什么是首次发生的例常事件，什么是偶然发生的异常事件，等等。然后，制定相应的规则和程序，帮助他们提高对人和事判断能力，理解各项原则、规则和制度背后的逻辑，鼓励他们依靠自己的力量去解决问题。这叫自治和自主。

　　管理上的治理过程，就是要不断地提高劳动者自治的能力和自主的意识，最终把大量的管理放到流程之中去。也许是这个原因，在知识劳动为主体的企业中，为管理职能工作的人不仅仅是经理人，还应该包括大量的知识劳动者。所谓有头衔的经理人，不一定是管理者，而知识劳动者或专家，往往是管理者。

6

构建价值创造流程

过去的 100 年，在生产活动领域，企业学会了对体力劳动者的管理，这就是流水生产线。但企业还没有学会对知识劳动者的管理，主要是在技术活动领域和商务活动领域，不知道如何基于知识劳动者构建价值创造流程。

在技术活动领域，1992 年，麦格拉思出版了《培思的力量》一书，介绍了他们在 1986 年提出的产品开发流程化的方法（培思的方法：PACE®）。后经 IBM 公司的实践，形成了 IPD 的产品开发流程。IPD 在中国的实践还没有充分展开，这与中国企业的研发基础和研发投入偏弱有关。

培思方法的长处是，把企业的产品研发体系打开，一头与营销职能对接，另一头与销售职能对接。这对于管理中层构建企业内部完整的价值创造流程，十分有利。

与营销职能对接，就是鼓励营销人员与研发人员进行频繁的沟通，产生更多的创意，由此形成企业的产品创新职能。

根据 3M 公司的经验，使营销人员与研发人员频繁沟通的激励政策，是追认性质的。所谓追认性质的激励就是，只要这两部分人的沟通与合作产生了阶段性的成果，都予以奖励或表彰，比如科研成果奖、专业等级的资格，还有名目繁多的荣誉和资助等。

某研发人员和营销人员共同的创意，一旦经过评审立项，给予追认的好处就更多了。该研发人员自然成为研发项目的经理，获得大笔经费，组建研发团队，而该营销人员自然成为项目评审委员会的成员，这一经历又成为晋升专业资格等级的依据。一旦新产品上市，营销人员和研发人员还可以获取销售额的提成奖等。

3M 公司还给出 15% 的工作时间，让员工研究些自己感兴趣的事情。如果他们的研究成果不能够纳入企业的战略领域，3M 公司就支持他们自主创业。创意、创新和发明永远是创造财富、满足需求的源泉。

从产品创意到产品立项，概率很低。100 种创意，未必能有一个产品立项。企业需要大量的创意，又拿不出足够的钱来支持大家搞创意。话又说回来，企业真要出钱，一哄而上，很可能打水漂。只能采用追认的策略，谁搞出创意奖励谁。

3M 公司的这种策略，每年获得的创意不计其数，从创意转化出来的新产品数以万计。这就是马化腾所说的，扩大灰度空间，扩大创意的来源。3M 公司做到了。

　　培思的方法，在产品开发流程上有一个"第 0 阶段"。意思是，不进入第 1 阶段，不投入研发费用。不见兔子不撒鹰，与追认性质的激励政策如出一辙。

　　第 0 阶段，是做产品开发的详细计划。详细计划必须经严格审查通过，才能进入第 1 阶段，才能正式立项，才会投入研发费用。对申请人来说，必须竭尽全力争取立项，否则一切都白做，颗粒无收。

　　详细计划就是由项目申请人给产品制作一张准生证，包括产品的概念、推广的对象与方案、形成销量的策略，以及产品的生命历程等。还要给产品画像，讲清楚产品真（技术）善（需求）美（艺术）的特征。

　　从中我们可以看出，研发项目经理不仅要从事产品的研发工作，而且还要从事管理的职能工作，需要投入很多的时间和精力做计划。如此一来，产品的研发过程就与销售职能对接起来了。反过来，也为研发人员提取销售业绩奖金提供了依据。

　　并且，有了详细的产品开发计划，产品研发的投入 / 产出过程就简单了，只需要纳入研发流程的框架之中。这个流程框架遵循例外事件例常化的原则，是从以前做过的研发事项中总结提炼出来的。

　　通常，开发流程的框架，有 2000 多个活动及经验数据构成，足以支持每一个项目团队自主地完成计划和任务。如同流水生产线一样，每个劳动者都能按计划，保质、保量、保工期地完成任务。计划任务完成后，还能及时地把经验和教训充实到每个活动的经验数据库之中。

　　另外，整个开发流程框架及 2000 多个活动，被分解为若干个流程。每个流程又被分解为若干个阶段，每个阶段又被分为若干项任务，每项任务由若干个活动构成。如同生产流水线一般，被划分为车间、工段和工序。

　　每个研发人员的职务，就是他承担一项或若干项任务。每个研发人员的职务说明书或作业指导书，就是承担任务及活动所对应的经验数据库。

　　项目经理是研发人员的领导，项目经理下面还可以设立项目组组长，按阶段或流程组建各自的团队，组织跨阶段和跨流程交流。他们不是行政等级上的长官，而是团队合作的同僚或同事，这与生产活动领域的生产流水线，没有太大区别。

　　至此我们知道，生产活动领域和技术活动领域是完全可以流程化的，而且价值创造的流程完全可以由劳动者自主通过。

　　剩下的就是商务活动领域，那里也充斥着一大堆知识劳动者，包括营销人员、策划人员、工程人员、设计人员、销售人员和服务人员等。同样地，他们的工作也能够形成流程化的业务体系，以及支撑业务运行的管理体系。

　　可口可乐公司、宝洁公司和丰田公司，都有这方面成熟的模式，在中国把这称为深度分销模式。这些成功而有效的模式，足以表明在商务活动领域同样可以实现流程化管理（参阅包政著《营销的本质》）。

7
基层管理的职责

百年管理思想史，一言以概之，如何调动人的积极性。100 年过去了，这个问题依然困扰着企业。由于供求关系逆转，引发知识劳动者的地位提高，这个百年难题更加困扰着企业。未来，正在形成的互联网时代，对一些企业来说，也许已经丧失了化解这个难题的时间、机会和条件。

100 年来，基层管理工作者一直在努力，但不得要领。直至德鲁克与马斯洛的见解问世，大家才明白，只有工作本身才能调动人的积极性。

那么如何做到这一点呢？通过工作给工作者带来成就感。德鲁克认为"工作"与"做工作"是两个概念，不仅要使每个劳动者的工作有效率，而且要使每个劳动者能从工作中获得成就。两方面缺一不可，缺少任何一个方面都很难持久。

对于基层管理的工作者来说，他们的职责就是选择正确的事情去做，使劳动者的工作具有生产性、富有成效或高绩效。同时，成为知识劳动者的伙伴、同事或同僚，帮助他们把事情做正确。为他们做好工作、提高绩效、获得成长和成就，以及获得人事待遇的好处，承担完全的责任。概言之，经理人管人事。

朗讯的管理实践是，建立绩效管理循环的平台，上司和下属结成连带责任关系，以周为单位，周而复始。围绕着工作任务和目标，以及个人的成长计划和目标，进行双向沟通。而且要把沟通的内容记录下来，尤其是上司对下属进行指导、帮助、约束和激励的内容记录下来。

朗讯把这叫作双目标的绩效管理，意思是通过帮助下属个人成长，提高工作绩效。这是一种以人为本的绩效管理模式。

这些实时记录内容，既反映了一个经理人培养下属的轨迹，又反映了一个工作者的成长历程。这是非常珍贵的人事全景档案，也是人力资源管理部门工作的前提。据此，可以为各级经理人提供建设性的意见和方案，为公司选拔优秀人才提供依据。

离开了这个前提，作为管理辅助机构的人力资源管理部门，一定会失去自身的存在价值，无法成为一个参谋或智囊机构，无法给管理当局提供有价值的政策性建议或系统改进方案。相反，只能成为一个听差部门、一个唯命是从的机构。

与高层和中层一样，基层管理工作者或经理人是一种职务、一门行当、一个职业、一项专业，而不是行政等级阶梯上的一个台阶。一个人穷其一生，未必能干好这个职务。

对于任何一个经理人来说，三个管理层面之间存在着不可跨越的鸿沟，存在着不可攀附的断层。必须本着职业化和专业化的精神，依靠天长日久；点点滴滴的努力做好本职工作。

尽管中高层领导往往是内部培养的，是从中层和基层选拔上来的，但管理当局必须明确，高层、中层和基层之间不存在自然的晋升通道。明确选拔的程序和资格条件，尤其要明确在各个管理层面上停留的年限。在官本位和圈子文化的国度里，这一点尤为重要。

如果基层管理工作者或经理人，不能从本职工作中体会到成就感，就不可能让下属获得成就感。任何一个人都不是天然的劳动者，必须通过基层经理人的传帮带，才能使一个自然人转变为一个劳动者、一个被成就感激励的工作狂。

整个过程需要长达 5 ～ 8 年的时间，需要经历三个阶段：看山是山，看水是水；看山不是山，看水不是水；看山还是山，看水还是水。只有当每个劳动者能够应用知识、技能、经验和方法于工作之中，才能体会到工作的乐趣和成就感，成为工作狂。

任何一个企业要想持续发展，都需要有一大批基层管理者或经理人，需要大面积地栽培后继的经理人，培育专业化和职业化的劳动者队伍。

　　这些基层的经理人必须是行家里手，无论在专业上还是在管人管事上，他们必须经过十几年的历练或摸爬滚打，才能成为行家里手。

　　基层是百年企业的根基，是创造财富和价值的源泉。老子曰：合抱之木，生于毫末；九层之台，起于垒土；千里之行，始于足下。

思考题

1. 管理为什么需要层次？

2. 高层管理的任务是什么？

3. 如何才能使管理变得简约？

第 5 章

管理的运作

企业创富谋利的逻辑是简单的，也不应该是复杂的。作为主导这个逻辑的管理体系，应该努力把这个创富谋利的逻辑变得简单，而不是相反。

管理当局或管理高层要做的事情，就是选择正确的事情去做。职业经理人阶层以及高端的专业知识劳动者，包括中层管理和基层管理要做的，就是把事情做正确。

企业就是人的身体，管理体系就是企业的大脑和神经系统。大脑中可以有灵魂，形成战略导向的运作逻辑；也可以没有灵魂，形成业绩导向的运作逻辑。这在很大程度上与企业的性质直接相关。

企业就是一群人结成的分工一体化的关系体系。一个人可以有身、心、灵，一个企业也可以有身、心、灵。一个企业如果不能上升到精神层面，开启智慧或灵性，那么就只剩下感性和理性上的追名逐利了。

战略导向的运作逻辑看似很复杂，但越运作越轻松、越灵巧，而且还能打开走向未来互联网时代的大门。先决条件是，企业老板的觉悟或企业制度的创新，以及在此基础上形成公约，形成根本大法，包括使命、愿景和战略，统一全体成员的意志等。

业绩导向的运作逻辑看似自然、简单，但越运作越复杂，企业中的人会越发难受、纠结和遭罪，管理也就成了一双看得见的"挣钱的手"。这双看得见的手，最终会把企业引向绝路。

1

战略导向的概念

战略导向是一个管理的概念，依靠管理实现企业的战略，依靠管理使企业分工一体化的关系体系走上战略发展的道路；或者说，战略导向是使企业所做的每一件事情，具有战略发展的意义。

对企业而言，战略只是对经营领域和经营模式做出的选择。梅奥兄弟当年的战略选择，就是将罗切斯特发展成医疗中心。与其说这是战略，不如说这是企业的目标、方向、愿景或志向。

所谓医疗中心，包含三层含义。第一，一站式服务。不管路远路近，患者只要来到这里，就能获得快速有效的诊治，不管什么病，都能跨科室得到综合医治。第二，医疗的目的地、医疗界的法院或患者的守护神。在癌症治疗、整容外科、关节置换、器官移植等医疗服务领域，至梅奥可止。第三，医学界的麦加、行业朝圣之地。它是医学界临床、教育和研究的中心。

　　梅奥诊所的所在地罗切斯特，是人口不过 10 多万的偏僻小城镇，凭什么能在此发展医疗中心？当然是战略导向的管理运作体系。如果采用业绩导向的行政运作体系，肯定没戏。

　　战略导向就是从现状出发，通过管理选择合乎战略的事情去做，并把一件件事情做成，做出具有战略意义的结果。如此循序渐进，走出一个战略大模样。或者说，选择一件件现实见利见效、未来具有战略意义的事情去做，持之以恒，就能实现宏伟的愿景。

　　战略与企业的战略经营领域及能做的事情相联系，是不可以随便更改的。战略是一种公约，是企业与相关利益者的约定，不能轻易改变。相反，应该努力向前推进，并围绕着战略做出积极的安排，尤其是企业制度的创新和变革。不然，无法把每个人的意志，整合为一个共同的意志。

　　作为战略实现的一种保障，必须要有坚强的领导力量，这就是管理体系，包括管理当局和职业经理人阶层。

　　管理当局在选择做什么事情的时候，脑子里必须要有战略这根弦，知道企业要去哪里，要做成什么样子。这就是战略导向，管理运作上的战略导向。

　　面对错综复杂、似是而非的现状，以及扑朔迷离、不确定性的未来，管理当局要想选出一件件正确的事情，是很不容易的。然而，万变不离其宗，战略成败的关键，在于为顾客创造价值。梅奥诊所的概念就是，给患者以良好体验。早在 1910 年，威廉·梅奥就已经非常清晰地表明了这一点，"患者的最大利益，就是我们最根本的关注点"。可以说，战略导向就是顾客导向。

任何伟大的战略愿景，都不是一蹴而就的，需要坚强的管理当局带领大家去克服困难，抵制诱惑，并通过一件件事情及成功的示范和体验，逐渐把一个个的人统一起来，尤其是在社会/心理层面上，一步步强化企业分工一体化的关系体系。

在技术/经济层面上，实现企业分工一体化关系体系比较容易，似乎可以立竿见影，可以在短时间内实现。然而，要想在社会/心理层面上实现分工一体化，形成强大的价值创造系统，需要足够的时间和空间。在这方面绝不可以忘乎所以，操之过急。尤其像梅奥诊所这样的企业，学术权威、大牌医生成堆，需要的时间更长、空间更大。

战略导向不是关乎战略的决策，而是按照战略的要求，选择一件件具体事情去做，并在战略的牵引和约束下，把一件件事情做对。

一般而言，这些合乎战略方向的具体事情，本来就应该具有价值、见利见效。战略导向的意义就在于，能使这件事情的结果具有战略意义或指向战略愿景。

如果一家企业要求每个分公司、每个业务员，每天都要形成交易、挣到钱，那么他们所做的任何事情，都毫无战略内涵可言。这样的企业活上多少年，都走不出一个战略的大模样。就像只知道搬石头、盖庙宇的和尚那样，永远成不了庙里的一个主持。

对初创企业来说，业绩导向是难以避免的，甚至免不了化整为零，让每个成员学会做生意，挣钱养活自己。

企业一旦过了生存期，就要转向战略导向，在自己的长处上下工夫，构建经营模式或创造价值的系统。然后，不断强化和演绎这个系统，使系统能够超越对手，同时能给顾客带来更大的价值或更好的体验。

梅奥诊所在父辈手里经过了几十年，有了利润，过了生存期。转到兄弟俩手里之后，开始将运作方式转向战略导向。为此，他们进行了企业制度创新，以唤起医生和经理人确立共同事业的立场，各尽所能为顾客做贡献。

对梅奥兄弟来说，面对一群私人诊所背景的大牌医生，面对一大堆个体户倾向的知识劳动者，企业制度创新是必需的。企业制度的创新或变革，就是为了转向战略导向的运作方式，为战略开辟道路。

梅奥诊所通过企业制度创新，从根本上解决了企业内部分工和分利的关系，避免了利益分配上的一系列麻烦。这种利益分配上的麻烦，不仅会影响到企业社会／心理层面上的一体化，还会强化人们对利益的关注，弄不好整个公司就会掉到钱眼里。

摆脱了利益分配上的麻烦，管理当局就可以一心一意地站在公司的立场上，按照战略的要求及远景目标，选择正确的事情去做。一切会变得理性而客观，不需要强化政治、玩弄权术或打感情牌。

合乎理性而客观的选择、合乎战略前景的选择，自然会激发每个人创立伟大事业的热情，在社会／心理层面上，结成分工一体化的关系体系。积极提升自己，努力展开协同，力争把一件件事情做好，做出预期的效果，共同打造一个价值创造体系。

2

选择正确的事情

对于高层领导来说，战略导向就是选择正确的事情。在当时的历史条件下，对梅奥诊所来说，要想实现战略愿景，就必须把大大小小的医生整合在一起，形成创造价值的系统，依靠系统的力量为患者做贡献。如果大大小小的医生整合不到一起，也形成不了系统的力量，不能持续改善患者的体验，那么美好的愿景就是海市蜃楼，永远没有实现的一天。

经过深思熟虑，梅奥兄弟终于找出了一件值得去做的事情。可见，走战略导向的道路，选择正确的事情去做，不是显而易见、容易做到的。尤其在一开始，企业战略自由度很小的时候，正确的事情可能具有唯一性。似乎没有更多值得做的事情，没有什么具有战略意义的事情，也谈不上什么战略导向，充其量只是战略之路的探索。

1890年，梅奥诊所迈出了战略导向上的关键一步，建立了医疗住院病历制度，这在世界范围内是首创。这一点足以表明，正确的事情并非显而易见。只有梅奥兄弟这样的人，才能在错综复杂的表象中，把握战略突破的关键。这里说得上一句话，不是每一头大象都会画画。

1901 年，亨利·普拉莫医生加盟梅奥诊所，他花了 6 年多的时间，对病历系统进行了改革。1907 年，梅奥诊所完成了综合病历管理系统的建设。

改革的要点是，从"以医生为中心"转向"以患者为中心"。以前是以医生划分病历，现在是给每位患者一个序列号，记录每个患者的诊治信息，甚至在其他医院的就诊信息。

任何改革都会遇到阻力和障碍，当时梅奥诊所的医生并不愿意这样做，有些医生已经把病历保存了 10 年以上，极其不愿意交出来统一管理。另外，在客观上也存在着障碍，就是病历的传递比较慢。通常，找到患者的病历，再送到就诊医生那里，这个患者已经看完病，就回家了。

为此，梅奥诊所采用机械系统传递病历，以提高病历传送的及时性。1928 年，梅奥诊所建立了病历配送中心及直达通道。

这个系统将近用了一个世纪。20 世纪 90 年代，梅奥诊所对此进行了转换，建立了信息系统及电子病历，据说花了 15 亿美元。

病历管理系统是分工一体化的基因，梅奥诊所依靠顾客导向的基础数据，把各个下属诊所、各个科室的业务工作，连同大大小小的医生，整合进一个价值创造系统之中。

只要把大大小小的医生整合起来，自然就会产生系统的集约效应，使患者的体验越来越好。事实也是如此，100多年来，梅奥人在这个病历管理系统的支撑下，相互依存、相互作用，共同推动着价值创造体系的演绎发展，不断提高患者的体验。

价值创造系统的发展，反过来，又会向病历管理系统提出新的需求，使之有的放矢地演绎出新的系统，比如就诊预约系统、线索管理系统和内部学习系统等。

战略导向的特点和意义就在于此，它使企业的各个部分有机地联系起来，形成相互强化的良性循环关系。只要形成了战略导向的态势，无须老板忽悠，伟大只是时间问题。反之亦然，如果不能形成战略导向的态势，那么只能靠老板忽悠了。

3
把事情做正确

　　把大大小小的医生整合起来的目的，不是来听管理当局发号施令、布置任务的，而是要发挥他们的天赋、主动性和创造性，共同创造一个强大的价值创造系统。这对知识劳动者为主体的企业尤为重要，老板不要自以为是、自作聪明。

　　梅奥诊所一旦有了患者导向的病历管理系统，便具有了一种核心竞争能力，必须让它在构建价值创造系统中发挥作用，并引导各科室以及大大小小的医生做出共同的努力。

　　接下来的问题是，往哪里努力，劲往哪处使，才能建立起理想的价值创造系统？管理当局还必须继续做出正确的选择，梅奥诊所的选择依然在患者的体验上。

　　这是企业的宗旨，百变不离其宗。如果一个企业不知道什么是正确的事情，那就回到企业的宗旨上。站在顾客的立场上认真思考一下，顾客认为有价值的是什么？企业如何才能提供这样的价值？

管理当局进一步做出的选择是，"梅奥不应该让患者长时间焦虑地等待确切的答案"。衡量一项决策好不好，正确与否，就是看其能否同时满足三方面的要求，即促进企业发展、深化顾客关系和超越竞争对手。毫无疑问，梅奥诊所管理当局做出的这项决策是正确的，有益于患者，有利于企业长期发展，并能使竞争对手望尘莫及，从而得到了各科室以及各医务工作者的积极响应。

各科室制定了各自的标准，想方设法提高响应患者的速度：

- 回声心脏图实验室的标准是，患者检查完了之后，只需要 5 分钟，检查结果就可以在"电子病历卡"上找到。
- 临床实验室的标准是，患者抽完血，96 分钟后，就可以在"电子病历卡"上看到血液检测结果。
- 病理科承诺，分析报告在切片送抵 10 分钟后，就可送回到手术室，第二天便可完成正式报告。
- 放射科承诺，所有影像，日结日清，都以数字方式存储，在紧急情况下，15 分钟发布数字图像与分析报告。

在这些标准或承诺背后，存在着一系列大量的工作。需要各科室主管或各级经理人员，把战略导向的管理不断地推演下去。所谓管理，概括起来还是两条：选择正确的事情去做，并把事情做正确。

这就用得着德鲁克《卓有成效的管理者》一书的指导和启发了。

各个科室的主管或经理人员，要花大量的时间去思考这样的问题：本部门、本职务究竟该选择些什么样的事情去做，才能为其他部门、其他职务做出贡献，最终使企业阶段性的战略任务落地？这就是德鲁克所说的，卓有成效的管理者应该有贡献导向的意识，应该经常问自己："我能贡献些什么？"

这是一种能动性，而不是执行力。面向未来，企业的价值创造系统更需要能动性，尤其是中层和基层管理需要这种能动性，依靠这种主动的贡献意识，以保持价值创造系统内在的统一性，并不断提高外在的适应性。

例如，为了使病历卡上的信息真实且完整，医生会给患者足够的时间，鼓励患者把病情及感受表达清楚，而每个医生自己只用有限的时间，只对患者进行询问和专业化的引导。每次询问与回答的时间比例是：医生 18 秒，患者 3 分钟。管理当局真正要培养的是，每个医生都有这样的意识，尽可能为应用病历的人做贡献。

医生的贡献意识不是抽象的，他所提供的病历信息必须能帮助每个应用病历的人进一步思考，并尽可能使应用者能从病历中获得所需的信息，解答他们可能提出的问题。例如，现在的患者都是什么病？这些病能不能预防？他们喜欢什么样的治疗方式？在就诊过程中他们遇到什么困难……唯有这样，价值创造系统才能一点一点地变得强大起来，顾客的体验才能一点一点地变得更好。

应用病历的人，都是顶尖的行家里手，他们的职责不只是提高响应患者的速度，更重要的是提高响应患者的能力，为患者提供系统解决方案。

现如今，很多同行羡慕梅奥诊所具有一流的科研能力以及一流的科研成果。殊不知，梅奥的这种科研能力，来自病历管理系统提供的数据，来自应用数据的能力，尤其是科研成果转化为临床应用，进而临床应用深化科研成果之间的转换速度和能力。毫无疑问，这种转换的速度和能力来自管理能力，来自卓有成效的管理者以及医生做贡献的意识。

梅奥诊所价值创造系统中的能动性是惊人的，连信息技术人员都知道，他们的信息系统是基于业务应用的，是基于系统的价值创造能力的，而不是基于信息技术的链接功能的。可以推断，这些信息技术人员，都有为业务应用做贡献的意识。他们所开发的信息系统，自然会使越来越多的梅奥人利用信息系统，为整体的战略任务、为其他部门和其他职务做贡献，从而促进临床研究，改善临床应用。这些梅奥人是方法研究人员、大数据分析人员、各科医生、各类专家学者等。

梅奥诊所的信息系统呈现出一个有机的整体、一种互联网时代的情景。互联网真正的威力是能动性，互联网时代真正需要的是"共享"人的大脑及精深的知识。

4

业绩导向的运作逻辑

　　尽管每个企业都会强调战略导向，希望企业的文化生根、战略落地，希望围绕着战略导向构建相应的管理运作体系。然而，因种种原因，很难让这些企业心想事成。业绩导向成为一种客观而普遍的事实。

　　有一个大经销商，一年的销售收入为 9 亿元，每月亏损 500 万元（以上），在 20 世纪 90 年代几乎濒临倒闭。而且，他经营的是若干个强势品牌，产品没有问题，堪称一流，为什么亏损那么严重呢？

　　很重要的原因是，老板不知道什么叫管理，更不知道如何向管理要效益，是一个十足的买卖人。他以为，业务体系的运作就是围绕着挣钱转，不知道挣钱是结果，是做事情的结果。有意思的是，老板真的不知道什么是企业该做的事情，以为挣钱就是事情，挣钱的事情做完了，结果就应该见到钱。

　　年初，老板给每个经理人直至每个业务员下达指标，并告诉每个经理人，完成销售收入的指标可以提多少奖金，完不成指标就走人。经理人如法炮制，甚或层层加码，告诉下属业务人员，完成指标可以提多少奖金，完不成，走人。整个企业上上下下形成的关系，就是交易。

　　销售业绩指标，明确要求每个分公司、每个经理人、每个业务员、每个渠道、每个零售门店，每天都要进钱。在这种业绩导向的运作逻辑中，每个人的脑子里没有别的事情，只有交易，交易就是事情。交易完成了，事情就做完了，钱就自然进来了。

　　每个经理人和业务员能做的事情，就是想方设法拉关系，请人吃饭，约人喝酒，找机会下单。企业就像一个农贸市场，上上下下都是买卖人，一群个体户。

　　只要一个分公司赔了，10个分公司也挣不回这个钱。何况一堆分公司，十有八九不挣钱，挣的是库存，一堆呆货，潜亏好几百万元。

　　年中，老板只能逼着大家出货，并依靠财务部门控制成本，控制费用。财务部门干的事情，就是为老板管住钱口袋。这似乎就是管理了，尽是些得罪人的事。

　　年末，老板还得给大家发奖金，让大家过个好年。如果大家都没完成指标，那就降低考核标准，办法总是有的。不怨大家，大家都不容易，只怨年景不好。欢欢喜喜过大年，让大家对企业的未来仍抱有希望，希望明年会更好。

过年不发奖金，明年就没人为老板出力了。仔细想想，当老板也不容易。不挣钱或见不到预期的利润，老板只能再去开发货源，代理更多的品牌。还是搞关系，做生意。

规模越做越大，人手越来越多，人均收入越来越少，经理人员和业务人员的追求越来越低，得过且过，给多少钱就干多少活，没有长期打算，只有短期想法。

5

管理的形式化

常有老板怀疑人性有问题，出国考察，得出一结论：中国人没信仰。于是这些老板想起了管理，也许管理上会有些办法，即便拯救不了企业的性命，也能维持其状态。借用时下的话说，即便没有诗和远方，至少还有眼下的苟且。

管理也就成了一种招数、一种治病的药。卖药的人总喜欢把自己的东西说成是灵丹妙药。很少有人会告诉老板，管理不是药，不是策略招数，不是工具方法，更不是忽悠人的心灵鸡汤。

于是，针对信仰问题，针对人的约束和激励，老板搞起了管理，还有文化建设。为了让大家重视管理，大会小会言必谈管理。还发文件正式宣布，本年度为"管理年"。就像过去那样，搞"质量年"。

轰轰烈烈搞运动，层层加码抓管理。主要是培训和研讨，一年花好几千万元。培训和研讨的主要内容，是管理的理念、工具和方法。老板希望从管理中找到出路，找到解决不死不活问题的办法，打开企业走向未来的大门。

在管理界确实存在着一批专家，好像就是吃这行饭的，炮制各种理念、工具或方法，称"最佳管理实践"，或新的管理学说。然后，找机会卖给企业，让企业有事干。最早的是管理 18 法，后来有了 7S 模型、ERG 理论、LIFO 系统、KPI、综合平衡计分卡、六西格玛，现在好像又有了新东西，按照罗宾斯的说法，管理成了一种流行时尚，年年花样翻新。

企业要是没有管理体系的支撑，尤其是行政当局不能转变为管理当局，管理学上的一招一式是没有用的。即便是德鲁克的思想，也是用不上的。

企业好比是一个人，管理体系就是大脑和神经系统。一个人要想活下去，活得不纠结，取决于他的大脑，取决于他大脑中的灵魂。

一个企业之所以活得那么累，活的那么遭罪，是管理当局的大脑出了问题，是职业经理人的神经系统出了问题。大脑不出问题，身体才不会出问题。

6

管理的行政化

当管理的这些工具方法连同理念与说法不管用的时候，老板只能把各项权力集中起来，强化行政命令和指挥体系，并依靠专业化辅助管理的职能机构，强化对各级经理人以及一线人员的监督与控制。美其名曰，提高执行力。

开始的时候，这种行政性强化是建立在利益交易的基础上，与胡萝卜加大棒没有太大的区别。老板能管住的也就是十几、二十几个经理人员，利益自然向这些经理人员倾斜。激活经理人员，有钱能使鬼推磨，重赏之下必有勇夫。依靠他们的"盯跟催"，把整体业绩提上来。

至于众多的下级经理人员，他们能分到多少钱，老板就不管了，而是由各经理人主管去想办法，按照老板给出的利益政策想办法。这已经不是管理了，这叫以包代管，分层承包。在这种制度下，谁创造业绩谁得利，谁创造业绩谁是好汉。

老板也讲得很直白，企业就是一个平台，谁要是有本事，谁就可以利用这个平台挣到钱。没这个本事，挣不到钱，就不要怨他人，更不要怪平台了。也不知道谁说的，公司就是一个平台，就是平台化的公司。

企业的理念也写得很明白，为顾客创造需求，为员工创造机会，为社会创造价值。这三句话是企业文化建设的成果，贴在墙上的标语，怎么理解都可以。

在这种利益导向下，自然一切向钱看。不会有人关心企业战略及能力上的事情，比如深化客户的关系，培育功能型团队，建立健全价值创造流程或系统等。而是相反，各自为政、投机取巧、竞相杀价、忽悠顾客、欺上瞒下等。更有甚者，以邻为壑，串货倒货，吃里爬外，争抢乃至骗取公司的各种资源，如促销资源、服务资源和维修资源等。

别说一个企业老板，就是秦始皇这样握有生杀予夺的绝对权威，都很难整肃军纪。一旦奖励耕战，依据个人业绩，依据献上人头加官进爵。那么人性就变成了狼性，以杀人为能事，并趁着混乱，把那些有过节的伙伴杀了，去冒充军功。

这就迫使老板建立行政当局，建立强大的总部机构，防止经理人员的腐败、懈怠和不作为。美其名曰，组织建设。

最重要的是政策和策略，集权式的行政命令和指挥，没有这个一切都无从谈起。然而这又不是闹着玩儿的，需要足够的人手成立专业化的辅助职能机构，去收集资料、研究问题、制定政策和策略。

这些职能部门的人员，往往没有足够的实战经验，还远离一线；有实战经验的人都去做业务了，没兴趣干专业职能部门的事情。怎么办？只能请专业咨询公司的人来帮忙，最好请世界级的咨询公司。对这些专业职能部门的人员来说，咨询公司即便帮不上自己企业的忙，个人也能学点世界级的套路。

咨询公司不仅在咨询服务上有套路，而且在生意上也有套路。它们往往会告诉你，应该从战略研究开始，然后才是政策和策略。战略研究还得从产业扫描开始，从企业对标开始，与优秀的同行企业对标。做生意的套路确实很深，让人不得不服。

这些远离一线且没有实战经验的总部机关人员，一旦进入政策和策略研究，面对浩瀚的资讯，往往把握不住成败的关键，从而对咨询公司的依赖就更大了。

这些无知的精英和高素质的普通人，为了提高自己的地位和权威性，往往会把政策和策略，推演到极为细致且无可挑剔的状态，一切都用数字说话，即所谓科学理性与数字理性。业务层面上的人员不需要动脑筋，只需要照此执行即可。这就进一步强化了行政命令和指挥的态势，形成了行政专权的格局。细致到每一个业务人员可以花多少钱？怎么花这些钱？如何使花出去的钱见到效果？有理有据，无可反驳，无可挑剔。一句话，管理傻瓜化。

他们不知道，没有重点就没有政策和策略。把有限的资源分配到每个人的头上，那就是撒胡椒面，不可能产生效益。只有集中资源在成败关键上，一件件去做事情，做好一件件投入／产出的事情，资源和钱才能像滚雪球那样越滚越多，队伍的能力、信心和胆子才会越干越大。

行政化管理的毛病就在这里，只知道按人头计算业绩，按人头分配资源，按人头设定激励杠杆，以为通过总部机关里的计算就能创造业绩。根本不知道如何在成败的关键上下工夫，不知道如何唤醒更多能做事情的人，把一件件事情做成。

这也不能怪他们，这些专业职能部门的人员，本来就不是什么管理者，只是辅助管理的人员，他们与质量管理人员和仓库管理人员，没有太大的本质区别。他们不是管理者，而是管理员，只是企业错把他们当成了管理阶层和管理者。

真正的管理者都是一顶一的专家，是一个行当的行家里手。他们有着丰富的经验，有着强大的心智模式和思维方式；他们能够依靠直觉能力，看到正在发生的未来；他们能够依靠系统的假设或见解，对正在发生的未来进行预判。

按照德鲁克的思维方式，如果没有假设在先，我们就不可能发现并抓取事实和数据，更不可能从数据和事实中得出任何正确的结论。

即便可以这样做，那也需要采集大量的数据和事实，耗时耗力，耽误事儿，不经济。等到结论出来，已经事过境迁。

正确的做法是，假设在先，寻找证据去验证假设。真正要考量的是，这些证据（包括数据和事实）能否验证假设？这些证据是否充分？有没有不同的意见和证据？等等。这是人脑和电脑的根本区别。

什么是假设？按照德鲁克的说法，就是未经检验的见解。见解从哪里来？德鲁克说了，一个人在一个行业，如果没有待够16年，不可能产生见解。待上16年，一个人也未必能够产生见解。

一个经理人干上十多年，也许只有一年的经验。如果不认真学习和思考，不用心去做事情，通过事上练，边练边学习理论，拓展自己的思维规模，强化自己的心智模式，那么就只是一个熟练工而已。就冲这一点，我们就知道什么人有资格当管理者。

有了政策和策略，接下来是财务、计划、运营、信息和人力资源管理部门，站在行政权力的层面上，齐抓共管。检查落实，再检查、再落实。发现问题，找出原因，纠正偏差。设定指标，以指标定是非，以指标对完成的结果进行奖罚。

所有这一切都依靠制度规范下来，这家业绩导向的企业就是这样，形成了1500万字的管理制度。据他们说，印不成书了，只能刻成光盘。而且，还没人知道制度里面都写了些什么，老板连光盘中有几项制度都不知道。老板要知道制度中写了些什么，他自己的"武功"

都会废了，连生意都不会做了。

为了加强制度建设，这家企业还聘请了很多服务过外国公司的经理人，他们带来了很多管理经验与制度规范。依靠制度在前后左右的各个维度上，给执行阶层设定了路径。只许老老实实、规规矩矩，不许投机取巧、走歪门邪道。

即便如此，老板还嫌不够，必须趁经理人还没有腐败变质之前予以调离，这叫经理人轮换制度。并且说，这是对他们的一种保护，培养一个经理人不容易；经理人的培养是用钱堆出来的，少说好几百万元，其中包括失误造成的损失，等等。可以说，这些老板依然停留在过时了的行政化管理上。

运气好的话，经过几年的打磨，这种行政化的科层制体系就会运转起来，甚至会流畅地运转。即便如此，效率也不会很高，并且机械僵化，缺少柔性。环境一变，麻烦就会接踵而来。

7

行政化管理的理论

这种行政化的科层制体系，可以从哈罗德·孔茨那里找到依据。看过他写的《管理学》就知道了。他是把法约尔的管理职能的五项要素——计划、组织、指挥、协调和控制，变成了五项管理职能——计划、组织、人事、领导和控制，并对每项职能的重要性、性质和特点，以及应用的原则和方法，进行了阐述。

顺着孔茨的思路，后来的理论工作者和实践部门的人，不断强化管理的辅助职能部门，形成了强大的行政当局及总部机关职能科室，最终形成了庞大的官僚体系。

这些辅助职能部门，原本是一个参谋机构，由于靠近行政权力中心，参与起草审议决策文件，参与计划、组织、领导、人事和控制等方面的事情，这些职能部门的人也就被当成了管理机构中的人。当这些事情被理论说成管理职能的时候，他们就成了管理职能的担当者，成了管理者。

这是莫大的误会，这些人充其量只是机关衙门中的文员，是辅助管理的人员。这种辅助性的工作，绝大部分属于行政性的公务或事务。借用西方的概念，他们只是公务员，照章行事并受制度保护的公务员。

这些部门的人员并不直接创造价值，他们的存在并不会使价值创造系统变得强大，只会使行政权力系统变得强大。而且，这两者往往是背道而驰的，所谓行政专权、秘书专权、官僚主义、文牍主义等，讲的就是这件事情。它使价值创造流程上的人，逐渐失去了创造价值的意愿和能力。

这种行政性的管理体系具有内在一致性，能够很好地支持企业总体业绩目标的实现，适合于确定的产品或业务经营领域。但是，它缺少外在的适应性，当外部的竞争趋向于恶化时，这种体系只能一条道走到黑，持续地推进外延扩张，最终成为现金流量依赖型企业。

如果企业的价值创造流程以及产品和业务不能及时升级，企业的生命活力也就走到了尽头，长期活下来，成为百年企业的可能性很小。这是产业社会在过往的历史中，百年企业凤毛麟角的根本原因。

只有一种方式可以使这一类的企业活下来，活过百年。这就是在产业转型升级的时候（往往跟技术的进步直接相关），拼死一搏，使价值创造系统，包括经营模式和价值创造流程及时升级。

在《基业长青》一书中，总结提炼出这样一条经验：翘楚中的翘楚企业，在发展历史中的某一个时期，都会确立胆大妄为的目标。至于为什么，作者并没有说出其中的缘由。合理的解释应该是，铆足了劲，促进价值创造系统升级。

可以说，在资本主义生产方式下，行政化的运作逻辑只能这样，拼命地挣钱，在关键时刻铆足了劲闯关。然后，再拼命挣钱，再铆劲闯关。概言之，挣钱—闯关—再挣钱，间歇式交替进行，直至在不测事件的意外打击下走向衰退。

尽管这样做就像鲤鱼跳龙门一样，拼死一搏，成功的概率很小，但这对产业社会是有益的，即便不成功，也不会成为纯粹的浪费。可以通过资本市场的击鼓传花，把这种新的价值创造能力，转移给下一家企业去培育、去经营。

顺便提一下，资本市场击鼓传花的杠杆作用，是吸引投资，不是忽悠投机，不是吹泡泡，制造泡沫。从这个意义上说，产业社会应该扩大产业金融的比例，缩小财务资本要素市场的比例。

面向未来，百年企业应该建立在战略导向的运作逻辑上，依靠战略导向持续强化企业价值创造的能力，赋予知识劳动者更多的自主权或管理自治的权力，提高价值创造流程自然通过的能力，同时提高价值创造系统的外在适应性。

在这方面，孔茨的学问已经过时。尤其在知识劳动者为主体的企业中，更是这样，它需要人本主义的生产方式，需要人本主义的创富谋利方式，以及战略导向的管理运作逻辑。

孔茨尽管号称是法约尔的传人，但两者存在着本质上的区别。法约尔是"过程管理学派"，孔茨是"职能管理学派"，两者相差十万八千里，风马牛不相及。法约尔是懂管理的人，孔茨就不一定了。

法约尔强调管理是一项职能，企业管理只有一项职能。按照德鲁克的说法，管理是企业的一项职能，是企业的一个器官，而不是五个器官。孔茨把管理变成了五项职能，也就是说，在企业的机体中，有五个管理的器官，这超出了常人的想象。不过，牛倒是有四个胃，它们各有各的职能，从而形成了完整的消化过程。这一点表明，孔茨确实对管理及性质不甚理解。

第一，企业是一个分工一体化的关系体系，其中包含着管理体系。是管理体系使企业具有管理的特征，使分工一体化的关系体系具有计划、组织、指挥、协调和控制的能力。这种能力围绕着三个命题发展：使企业有前途，使价值创造的系统有效率，使工作者有成就。

第二，经理人的工作具有两重性。一方面，他是企业价值创造系统中的一位共同劳动者，作为一个共同劳动者，必须是某专业工作的行家里手；另一方面，他又是企业管理体系的工作者，按照管理体系的要求，选择正确的事情去做，并把事情做正确，做出经济成果来。

　　经理人所选择的这些事情本身不是管理，而是价值创造的事情或任务。管理的作用只是体现在这些具体的事情和任务之中，使这些具体的事情和任务具有管理的功效，并合乎管理体系的整体安排和要求。

　　换言之，经理人员是价值创造的劳动者，是价值创造体系中的共同劳动者，通过具体的事情和任务，为管理体系或为管理职能做贡献，由此成为管理职能的担当者，成为一个管理者。

　　借用英特尔公司 CEO 格鲁夫的观念，企业应该把资源，包括应用资源的权利，尽可能地配置到价值创造流程上去，并且把集权和分权相结合的原则，以及专业职能部门的设立，建立在资源共享的效率上。换言之，如果没有某方面的共享效率，就没必要把某方面的资源以及支配资源的权力集中起来，构建相应的部门或平台。应该尽可能地把资源和权力，配置到创造价值的流程之中去。

　　借用稻盛和夫的说法，不直接创造价值的部门和人员越少越好。可以这样理解，资源和权力是用来创造价值的，而不是用来监督和控制人的。

　　只有当我们真正理解了管理的性质，理解了经理人员工作的两重性，才会把培育价值创造能力当作管理的事情，才会使企业价值创造的事情变得具有管理性，这才是管理的本义。懂得这个本义，就不会把生意、交易和买卖当作事情，不会把驱使和更多的人去做生意、去完成交易当作管理。

如果不破除这些管理上的迷思，战略导向只是一句空话，战略导向的管理运作方式就不可能建立。这里可以用明茨伯格说过的一句话，以往的理论十有八九已经过时，有些还是错误的。

可以得出推论，在实践上形成的管理做法、工具和方法，很有可能只是一些漂亮的补丁，用来补救理论上的缺陷。理论上一旦存在着根本缺陷，那么补丁会越打越多，因而掩盖了管理的本来面目。

另外，在基本概念体系不清晰的管理领域，似乎每个人都有资格说两句，每个人都可以随心所欲地添枝加叶，野蛮生长不可避免。管理领域不仅像丛林，更像是莽原，杂草丛生。

后来学管理的人，对于这一点不可不察。以免进入莽原探险，等到学明白，活着出来，也是九死一生。

思考题

1. 战略导向与业绩导向的区别是什么？

2. 战略导向与管理是什么关系？

3. 业绩导向与管理是什么关系？

第6章

管理的新世界

　　管理是支撑企业分工一体化关系体系的职能。当知识劳动者成为企业主体的时候，当消费者或顾客成为市场主导的时候，管理就开始回归它的本质。

　　当互联网打开企业边界的时候，分工一体化关系体系就不再局限于企业的概念之下。企业的分工一体化关系体系，就会沿着互联网延展开来，首先是在 B2C 的互联网环节上延伸到需求链上，形成以数字化生存方式为特征的消费者社区，形成供求一体化的关系体系。

　　顺便说一下，分工一体化与供求一体化是具有同一内涵的概念，只是表述方式不同而已。例如，丰田就说，下道工序就是用户。在工业化时代，企业内部是分工一体化的关系，企业之间是供求一体化的关系。到了互联网时代，企业内部也将互联网化，形成一个个功能性团队之间的供求关系。

　　供求一体化的关系体系，包含了企业内和企业外两个概念，或者叫内社区和外社区，横跨在供应链和需求链上。传统意义上的企业分工一体化关系体系的概念，将被广义的供求一体化关系体系所取代。

　　支撑这个供求一体化关系体系的管理职能，必然向它的本质回归，管理和营销的职能随之融为一体。这就是德鲁克所说的，营销的管理化，以及管理的营销化。与此相联系，企业将共同体化，内社区共同体的管理要营销化；消费者社区也将共同体化，外社区共同体的营销要管理化。

互联网的现实应用，首先会使产业价值链发生逆转，形成以数字化生存为特征的消费者社区的组织者，形成市场的力量，逆袭供应链，转而成为产业价值链的组织者。从根本上改变过去产业社会的发展逻辑，把分工到组织的逻辑颠倒过来，形成从组织到分工的逻辑。

管理将成为支撑产业价值链运作的职能，成为支撑产业价值链供求一体化关系体系的职能。这就是德鲁克所说的，管理将成为产业社会不可或缺的职能。

1
价值创造的系统

人类如果不能发明工业化的生产系统，一种指向顾客的生产系统，就不可能开启工业化的大门，就不可能产生工业化的大规模生产机构。

在工业化生产系统发明之前，人们只能依靠税赋、捐赠、教义或道义等，发育或构建系统，通常是一种行政权力系统。进而依靠这种行政权力系统，构建并维持一个规模化的分工一体化的关系体系，比如政府、军队、学校、慈善机构、教会或社团。

这种被称为组织机构的分工一体化的关系体系，必须依靠系统，依靠行政权力系统的支撑。这种行政权力系统会消耗成本和资源，需要财力的支持。

换言之，如果一个经济组织机构本身不能创造经济成果，产生业绩收入，那么就不能发育行政权力系统，就不能把一个一个的个体，在分工的基础上一体化，形成分工一体化的关系体系。

管理作为一种古老的概念，就是行政权力系统的一个代名词。支撑这个系统的人就是管理职能的担当者，包括行政当局与各级行政官僚。在罗马军队中就是十夫长、百夫长、千夫长，再往上就是罗马军团的司令部。这个行政权力体系中的其他人，只是辅助工作人员，不是行政管理者。

人类依靠科学技术的进步，发明了工业化的生产系统，一种以机器代替人力来创造财富和利润的系统，不妨称为"机器系统"。没有这样的系统，就没有规模化的工业企业，以及后来的商业企业。

为了维持生产系统的正常运行，必须叠加行政权力体系，形成了复合系统，概言之，就是机器与行政结合的复合系统。前者叫生产力，后者叫生产关系。有伟人说了，资本主义生产方式，不仅在生产产品，而且在生产关系。

企业就是这个"复合系统"支撑下的分工一体化关系体系，包括技术／经济层面上与社会／心理层面上的分工一体化关系体系。

换言之，在这个复合的支撑系统中，包含行政权力体系和机器系统。没有行政权力体系，生产的机器系统就不稳定。没有生产的机器系统，就不能产生收入，维持行政权力体系的开支。

对企业而言，越能强化或持续强化这个复合系统，就越能创造利润或者提高利润率。在工业化早期，企业老板及行政当局，都比较关注土地和资本在创造利润中的杠杆作用，或者说，关注土地和资本在强化这个复合系统的杠杆作用。并且，比较关注对职业经理人和高绩效员工的激励，在工资和奖金的分配上向他们倾斜。

行政权力体系中的职业经理人要做的事情，就是尽可能让机器来代替人力，让工作傻瓜化，让劳动者按傻瓜化的工作做到位，尽可能降低做工作的要求，尽可能使生产系统摆脱对劳动者的依赖。行政权力体系强调的是执行力，而不是能动性。

这在中国叫作"铁打的营盘流水的兵"，在日本叫作"省人化"，等等。一句话，异化。以人为本那是后来的事情。在那个时代，经理人员要是把人的主观能动性激活了，那是自找麻烦，给系统的稳定性制造麻烦。一个稳定的系统、一个能够承载分工一体化关系体系的复合系统，是工业企业存在的根本。

2

复合系统的演变

当外部环境恶化的时候，主要是供大于求，供求关系逆转。竞争的焦点就逐渐向顾客端转移，从分销活动领域到交换活动领域，最终进入消费活动领域，而竞争的内涵不断深化，竞争的手段不断升级。企业的价值创造系统也逐渐扩展开来，向技术或市场两端延伸。从生产活动领域，延伸到研发活动领域，或者延伸到商务活动领域。

供求关系是一对矛盾，根源是生产的效率与消费的效用之间的对立。企业通过生产系统的稳定性，不断满足市场的需求，又不断加剧供求的矛盾，动摇生产系统的稳定性。

企业要想活下来，要想在竞争中胜出，必须在更大的范围或在更高的层面上寻求对立统一的基础。因此，向研发活动领域和商务活动领域延伸，是自然之必然的选择。

　　无论向哪端延伸，都要求从市场出发，所谓按需生产和按需研发。要求原有的生产系统倒转过来，也就是说，要求生产流程倒转过来，从推式转向拉式，从备货式生产转向订单式生产。相应地，生产系统独立出来，变成制造中心，以 OEM 方式存活。

　　麻烦的事在后面，在研发活动领域和商务活动领域，用什么系统支撑分工一体化的关系体系？如果这两个领域没有价值创造的系统，那就形不成复合系统，只剩下行政权力系统了。那么这两个领域就无法提升价值或者创造价值，就会增加企业整体运行的成本和开支。

　　这两个领域的系统只有一种，这就是以知识代替人力的价值创造系统，可以称为"知识系统"。一个是市场知识，另一个是技术知识，并且需要把两种知识结合起来，转换为有更高附加价值的产品和服务。很多企业因为建立不起来这种知识系统，只能依靠外延的扩张，维持现金流量，维持企业的生存。

　　这种基于知识的价值创造系统，它的价值创造能力不是来自机器，而来自知识劳动者的天赋和创造力，以及这种天赋和创造力的发挥，并且必须按照顾客的需求加以充分的发挥，而不是按照资本的需求及逻辑加以发挥。

　　这也许就是德鲁克所说的，企业创造价值的两项职能，是营销和创新的职能。离开了这两项职能，其他的职能都是成本，包括生产职能。

　　如同机器一样，价值创造的力量源泉来自知识，来自"以知识代替人力"的知识系统，以及依据这个知识系统所构建起来的分工一体化的关系体系，或者把知识劳动者编织起来的业务流程。

业务流程或价值创造系统，离开了知识系统，只能对提高效率有意义，对价值创造的意义不大；或者说，对营销或深化顾客关系，对创新或给顾客提供不一样的价值方面，意义不大。

在 Zara 的模式中就有这样一个平台，在这个平台上有三个专家级的团队，即物料采购团队、市场需求团队和服装设计团队。这三个团队提供了产品所需要的"真、善、美"三种知识。确保选购的物料合乎技术标准，是谓"真"；确保设计的服装合乎市场的需求，是谓"善"；确保服装的设计具有美学效果，是谓"美"。Zara 的三大事业部——童装部、女装部和男装部，利用这个平台提供的知识体系，生产并销售有竞争力的产品。

在 3M 公司，依靠"事后追认嘉奖"的政策，鼓励研发人员和营销人员，频繁地接触和交流，形成新产品的创意，加大产品创意的灰度空间，从而提高了企业以知识代替人力创造价值的能力。同样地，在培思与 IPD 的方式下，用 IT 信息化手段，3M 公司构建了经验数据库和专家库。这不仅提高了流程的自然通过能力，而且提高了流程的价值创造能力，也就是以知识代替人力的能力。

宝洁公司也有类似的知识系统，它在中国有一个十几人构成的工作委员会，每月要研究中国社会和市场的需求变化。与此对应，有市场调查部门和市场研究部门，专门对市场的知识进行总结与提炼。部门中的经理人员，包括品牌经理和销售经理，随时要对市场情况，包括策略执行的情况进行评估。并且还与国内外的市场调研公司合作，定期开展市场分析和研究等。这算得上它们的知识系统。宝洁公司会凭借这个知识系统及研究成果，包括社会和需求知识，精心策划和进行方案设计，然后形成价值创造流程的各项任务和目标。可以说，知识系统是各种创造价值活动的起点和基础。

2014年以后，宝洁公司董事长兼CEO雷富礼从关注产品开始转向关注消费者，关注消费者的生活方式，有意识地建立了有关品牌和市场的知识系统，以及与消费者的沟通体系，即构建了市场知识的直接来源或直接通道。过去他们关注的是产品的信用和产品的价值承诺，两者的知识系统是不一样的。

还有，这样的公司要求各地分公司每天晚上9点以前，向总部经验数据中心提供当天市场端的三点经验和三点教训，以及相关的情报、知识和建议。总部的经验数据中心，在提取有价值的知识后，当晚再返回给各地分公司。第二天，各地分公司经理在晨会上，传授总部传回来的知识，指导或启发全体业务人员当天的工作。

3

管人的真理

德鲁克说，我们学会了对体力劳动者的管理，却没有学会对知识劳动者的管理。这涉及价值创造系统及性质。如果系统不需要普遍能动性的话，那么我们永远解决不了知识劳动者的管理问题。

这里的关键，不是对劳动者如何管理的问题，而是企业需要劳动者做什么的问题：需要劳动者的是"执行力"还是"能动性"？需要他们的大脑还是手脚？如今，企业创富谋利的系统已经从机器转向知识，需要从劳动者那里获取普遍的知识、技能、经验、热情和善意等。

尽管很多企业的文化大纲写得很明白，并以企业精神的方式表述出来，需要劳动者正直、专业、利他、进取和创新等。但是，他们不知道，企业需要建立一个知识系统，或者建立一个能够承载这个知识的部门机构；他们更不知道，企业需要建立一个管理体系，以代替过去的行政权力体系。

只有创造一个知识系统，才能让每个劳动者围绕着知识系统工作，并引导他们在那方面积累自己的知识和才干，为他们的天赋、主动性和创造性，为企业分工一体化关系体系做贡献。一句话，释放他们的个性，而不是抑制他们的个性。这就是所谓个性解放和思想解放。

就像梅奥诊所那样，建立统一的病历管理系统，依靠这样的知识系统整合各个科室和诊所，至少在形式上形成一体化的关系体系。进而，让各个科室和诊所围绕着这个病历系统进行工作，为患者做贡献。用不了多久，这个知识系统就会强大起来，就会在知识体系的架构下形成和积累经验数据，形成内在结构性力量的知识系统及经验数据库。

与此同时，行政权力体系也要向管理体系转变，形成管理当局和职业经理人阶层。而且，知识体系与管理体系，两者必须形成复合系统，才能支撑以知识劳动者为主体的分工一体化关系体系，并使这个体系具有创造价值的能力。

具言之，管理当局和职业经理人阶层，依托知识系统和经验数据库，选择正确的事情去做，并把事情做正确。例如，依靠知识系统提供的数据，选择正确的事情去做。进而精心策划，形成策略，制订计划和行动方案，领导团队把事情做正确，做出成果来等。

有了市场导向的知识系统经验数据库，德鲁克在《卓有成效的管理者》中所说的话就能变成现实，即经理人员不再是行政权力体系中的一个官僚，而是工作团队中的一个同僚；不再是对他人进行有效的管理，而是对自己进行有效的管理。与下属和团队成员一起，共同构建一个基于知识的复合系统、复合的价值创造体系。

在机器系统向知识系统转变的过程中，最好能够同步完成从行政体系向管理体系的转变，从而使知识系统与管理体系结合起来，形成复合的价值创造体系。否则，难以在研发活动领域与商务活动领域，形成分工一体化的关系体系，形成价值创造的能力。

这也是很多企业缺少两条价值链的原因，一条是产品的研发链，另一条是顾客的关系链。尽管企业的规模做得很大，但长期支撑企业的只有一条价值链，这就是产品的供应链，而且产销两个部门还衔接得不好。俗话说得好，三条腿能够稳定地支撑一个平面，只有一条腿是蹦不远的。

4

通用电气的故事

从前，通用电气（GE）是一家技术导向的公司，产品不愁卖，营销只是辅助功能，它只在家电业务板块上有所作为。随着业务的成熟，以技术为导向或为技术找市场，都不怎么成功。就连行业客户中的那些关键人物，也不知如何保持竞争力，GE 也不知道如何帮助这些客户解困，双方都不知道如何进一步谋求发展。

2003 年，CEO 杰夫·伊梅尔特下令，把营销部门作为全公司的关键职能部门，推动公司的内生性增长。以营销职能为龙头，基于技术优势和资本投资与客户进行合作，形成直接的市场信息或顾客需求知识的来源。

2009 年，GE 又把企业的市场知识进一步进行了规范化，建立了营销职能活动的管理规范，包括营销准则、营销人员和营销流程。

首先是营销准则。GE 组建了营销专家团队，构成人员的思路和观念都比较接近，并创建了一套通用的营销准则。需要解释的是，这套营销准则不只是知识系统，用于指导各个业务集团的行动，更重要的是，用于指导和约束营销人员提高行动能力。GE 每年都要依据这些准则、各业务集团营销人员的能力进行评估。因此，GE 的营销准则是用 8 项能力、25 项技能和 140 条解释表达的。

其中的 8 项能力是：战略与创新、品牌与沟通、销售团队效能、新市场技能、对市场的了解、市场细分与目标、价值创造与定价、商业价值实现。

每项能力都有技能上的规定，形成 25 项技能。例如，了解市场的能力有三项技能的规定：一是发现外部趋势和影响因素；二是收集和管理相关的知识与信息；三是提出战略方向及建议。

25 项技能有 140 条解释。例如，发现外部趋势和影响因素，一共有三条解释：一是理解政策和监管环境，包括正在规划和将要规划的法案，主要是那些会对市场产生影响的法案；二是理解并适应那些会引发新需求、新技术和新产品出现的社会变化；三是自我调整并适应对业务有影响的其他因素，比如员工、客户和合作伙伴。

其次是营销人员。明确营销人员的四种角色及其作用：激发者、创新者、整合者和执行者。激发者，就是对现状发起挑战，寻找更好的新方法来完成任务；创新者，就是把市场的见解转化成具体的设想，转化为产品、服务或解决方案；整合者，就是在部门之间以及企业与市场之间建立联系；执行者，就是贯彻落实，把各种具体的设想转变为行动。

最后是营销流程。流程主要是组织方式和组织流程，由 GE 总部制订总体的计划和方针。营销人员的任务是，按照营销角色积极展开活动，把客户的需求和意见转化为公司内部的语言，形成营销计划与方案，提交作战会议审议决策。

作战会议由 20 多名高管组成，包括业务集团主管、CEO、CMO、CFO、CIO、法律总顾问、营运负责人、首席风险官、业务发展负责人和人力资源负责人。一旦审议通过，就配置资源，按计划行动。

GE 总部每年要组织评估。先是由各个业务集团的 CMO（首席营销官）牵头，营销人员自评；后是营销人员组成团队，在 CMO 和 CEO 主持下，对各个业务集团进行评估与排序。

评估的指标就是营销准则，即 8 项能力、25 项技能、140 条解释。每条解释 1～4 分，由此判断各业务集团及营销人员的能力成熟度，并指明努力的方向。

从 2004 年起，GE 就开始启动以营销为龙头的创新计划。2004 年，启动了跨年度的"创想突破计划"，每年创收 20 亿美元；2005 年，启动了跨年度的"绿色创想计划"，5 年开发出 90 多项新产品，累计创收 700 亿美元。

各业务集团的营销人员是怎么做的呢？不妨举例说明。2005 年，美国国会削减财政赤字，医疗影像市场减少 130 亿美元。GE 营销人员组成攻关小组，按照"未曾关注与不易做到"两个基准，去寻找市场机会。

他们发现，老年慢性病患者需要长期护理又希望生活独立，不愿住医院。于是，攻关小组就与 GE 信息技术实验室联系，他们正在试验与研究用感应技术跟踪人体行动；接着再与 GE 研发中心联系，他们正在创建并试验"未来之家"，并已经开发出一种计算方法，通过数据分析把握病人状况。最终，营销攻关小组把这两个部门的技术整合起来，开发出家庭感应系统，开拓了"居家诊疗与监控"的新业务。

营销团队的营销人员，究竟应该做些什么事情？应该如何工作？这是不确定的，也没有人能够告诉他们应该做些什么。他们工作的性质就是创新，工作的抓手就是营销。营销就是构建与深化与顾客的关系。

他们必须依据结构化的知识系统，积累经验和教训，锻炼自己的才干，找到线索，与顾客建立联系。在与顾客的沟通和交流中，借助于 GE 的优势资源，形成创意，形成项目，形成新产品或新业务。

而整个过程又能强化知识系统，使结构化的知识系统保持内在的一致性。这种知识系统越强大，越能形成内在的凝聚力，提高团队的营销能力和创新能力。这就是知识与经验的聚合作用。

5

知识劳动者的特征

迄今为止，有关劳动者的称谓与分类依然是混乱的。知识劳动者又称脑力劳动者，与体力劳动者相对应；或者称白领工作者，与蓝领工作者相对应。这说明，我们还没有把握其中的要害和特征，或者说，原来对劳动者的分类也是不对的。无论哪种劳动都需要脑力和体力，都需要劳心和劳力。写书、下棋、伺候人，都是一件费脑子的体力活。

如果说，我们学会了对体力劳动者的管理，那么我们究竟学会了什么？我们学会了从"物品"入手，对体力劳动者进行管理。

依靠机器系统劳动的人，他们的劳动成果体现在"物品"中。物品的质和量，都可以用数理的方式表示出来。换言之，可以设定标准，予以衡量、纠偏和控制。

从管理的角度说，劳动者可以从"工作的对象"做出严格的区别：

一个是"事情"，另一个是"物品"；一个是"做事情"的劳动者，另一个是"做物品"的劳动者。在"做事情"的劳动者中，有知识劳动者，如医生和经理人员；还有服务劳动者，如医务人员或辅助人员。

依靠知识系统劳动的人，实际上不只是知识劳动者，还应该包括服务劳动者和辅助劳动者。完整的概念应该是"做事情"的劳动者。

我们之所以没有学会对知识劳动者的管理，是因为知识劳动者以及服务劳动者和辅助劳动者，他们的劳动成果都体现在"事情"上。事情的质和量，是无法用数理的方式表示出来的。换言之，无法事先设定标准，予以衡量、纠偏和控制。

尤其在质的规定性上，好与坏存在着量级上的差距。用中国人的话来说，结果好坏、价值大小，有着天壤之别。在做得好的情况下，只能用如下的词进行描述，比如他的创意让人眼睛一亮；他的见解与思想有独到之处；他的对策与方案精妙绝伦；他的服务让人感到温馨与体贴等。

而这一切，又与知识劳动者以及服务劳动者和辅助劳动者的天赋、掌握的知识和经验，以及做贡献的意识和意愿相联系。按照德鲁克的思想，"做事情"的劳动者，本质上是自我引导的，经理人员无法对他们的工作过程或思考过程进行干预，只能提供指导与帮助，激发他们的工作动机和工作热情。

经理人员以及知识系统，就是这种善意的指导和帮助，而且这种指导和帮助是可以持续强化的，可以成为企业创造价值的源泉和核心竞争能力的来源。

然而，对待"做事情"的劳动者，不可能放任自流，需要系统加以约束和规范，否则就是一群乌合之众，不可能创造任何价值。就像机器系统是人的异化物一样，知识系统也是人的异化物。每一个"做事情"的劳动者，都要自觉或不自觉地遵循知识系统，以保持分工一体化关系体系，及其价值创造能力的内在统一性和外在的适应性。

经理人员的职责，除了指导和帮助以外，还需要约束和激励，主要是依据知识系统对"做事情"的劳动者的行为进行考核和评价，并加以引导和矫正，以维护或提升分工一体化关系体系的效能。

德鲁克特别强调，对于"做事情"的劳动者的考核和评价，不应该像医生那样，专挑患者的毛病。要发挥他们的长处，发挥他们的长处，并使他们的短处不发挥作用。

梅奥诊所的做法，首先，对患者的需求进行调研，确认理想的医生行为应有七个方面，即自信、感情投入、仁慈、因人制宜、直率、尊重患者、全力以赴。

其次，设定四个方面对医生进行考评，即知识考试、行为追踪、自我评估、病人投诉。

最后，对考评结果进行分析，先弄清楚是失误还是故意。如果是失误，就要接受岗位再培训，强化正确的操作程序和标准认知；如果是故意的，就要批评与纠错。纠错的措施有三种，即通知、警告和解雇。最终目的是为了让医生做对做好，让患者满意。

知识劳动者或"做事情"的劳动者，他们普遍的积极性与向善的行为，不可能通过考核评价以及经理人的教导实现，必须通过共同体的意识加以实现。

换言之，只有让每个知识劳动者意识到，彼此在知识系统的基础上，按照患者满意的统一要求集结起来是有意义的。并且，这种集结是有效的，是一种有机的生命体，一种相互作用和相互依存的生命体。唯有这样，才能从根本上唤醒知识劳动者的良知和良心，在追求更高的精神层面上努力工作，并展现出优异的表现。

从这个意义上说，过去那种机器系统及行政权力体系已经过时，与之相应的行政性管理的理念、策略和方法，也已经过时。

按照克雷格·斯莫德的说法，梅奥诊所之所以能提供超一流的医疗服务，是因为它始终作为一个共同体在运行，成员间彼此感觉是在同一个屋檐下工作，拿着统一发放的固定薪水，没有股东，也没有红利。可以说，这是梅奥诊所与其他机构最大的不同。

同时，梅奥诊所用专门委员会取代行政等级结构，从而吸引更多的人来参与管理，强化了分工一体化的关系体系，强化了共同体的意识。

梅奥诊所的委员会多达 80 多个。有战略层面上的执行委员会、行政委员会、地区战略委员会、医疗体系资源委员会、临床医疗实践委员会、医学教育委员会、医学研究委员会。还有专业和专门的委员会，如胃肠病学和肝脏病学委员会、消化道肿瘤临床试验委员会、精准医疗项目研究委员会、人事管理委员会、薪酬委员会、财务金融委员会、艺术委员会、服装礼仪委员会、院内传染控制委员会、部门图书馆委员会、华裔员工委员会、国际活动委员会、死亡审查委员会等。

委员会成员来自不同的部门或科室，既是所在科室的代言人，表达所在科室的意见和建议，又是梅奥诊所的代表，站在全局立场上思考问题，发表意见和建议。委员们在讨论问题时候，一般都按照大家的期望，站在各部门、各科室的立场上提出问题并解释问题，以便让其他委员了解各部门、各科室的真实想法。等问题弄清楚之后，委员们就能基于梅奥诊所整体利益，参与决策，投出最正确的一票。

除了业务系统，通过委员会制消除行政权力的影响、实现扁平化之外，行政管理系统，还通过信息化减免行政权力的影响。2006 年，梅奥诊所首先在财务部门和人力资源管理部门，使用行政管理软件系统。

6

复合的知识系统

知识系统必须和经理人员阶层结合起来，形成复合系统，才会成为活的知识系统，外加经验数据库与专家库，成为创造价值的知识系统。

梅奥诊所的"综合病历管理系统"，可以使经理人员完全摆脱对行政权力的依赖，依靠系统的数据结构以及数据分析，就知道该做些什么事情，知道哪些事情是正确的，以及如何选择正确的事情去做等，对各单位及劳动者，也就是对"做事情"的劳动者，进行指导、帮助、约束和激励。

这就是人们所说的"知识权威"，一种源于市场需求的知识权威，而不是源于老板的"行政权力"。每个"做事情"的知识劳动者，更愿意接受来自系统及经验数据库的知识，而不是来自行政等级体系上的命令。

当这些事情做正确了以后，不仅会使患者的体验更好，更重要的还有两条：一是创造价值的能力在知识系统及经验体系的形态上积累起来了；二是复合的知识系统可以进一步演绎发展，并且在保持内在统一性的基础上，提高外在的适应性，提高争夺市场的能力。梅奥诊所在"综合病历管理系统"基础上，进一步演绎出两个系统，即"预约就诊系统"和"线索管理系统"。

通过线索管理系统，每个经理人员都可以调动"做事情"的劳动者，包括医生和医务人员，调动他们的眼、耳、鼻、舌、身、意，提升患者在就诊过程中的体验。

经理人员通过线索管理系统，了解到很多"线索"。这些"线索"来自患者的印象和体验，主要是患者及其家属在与医生和医务工作人员接触过程中的印象和体验。例如，在与医生交谈的时候，如果医生的身体斜靠着门框，患者就会感受到一种焦虑，担心医生急于离开，或者认为他是一个比较随意的医生，对他的病情不太在乎等。

梅奥诊所将线索分为三类：功能线索、环境线索、人性线索。形成线索管理的知识系统，要求每位"做事情"的医生及医务工作人员按线索管理的要求做到。

功能线索，强调的是医生及医务工作人员在诊疗过程中的优异表现，包括临床能力、医学知识和技术水平等；强调的是诊疗服务的技艺，以强化患者的信心。

环境线索，强调的是给患者一种良好的印象，使之产生联想，想象中梅奥诊所的服务应该是什么样的。2007 年，梅奥诊所在建设桑福德儿科中心时，就导入了线索管理，非常重视医院的环境布置。例如，喷泉的高度，最低的 45 厘米，适合刚学会走路的孩子；桌椅板凳的边边角角都是弧形的，避免孩子碰到脑袋；墙上图画的高度为 76 厘米，适合孩子目光的水平高度；整个病区的灯光柔和、不刺眼等。

人性线索，强调的是对患者的关怀，让患者感受到自己的尊严，包括得到了尊敬，得到了重视。

现如今，竞争已经从产品走向了服务，从卖产品转向卖服务，企业商务活动的触角已经渗透到了顾客的生活领域。很多企业已经知道线索管理的重要性，懂得大量的服务内容应该出现在与顾客接触的点上。

北欧航空公司把这个称为"关键时刻的管理"。公司认为，如果在一年中承运 1000 万名旅客，平均每位旅客接触 5 名员工，每次 15 秒钟，则这 1000 万名旅客，共有 5000 万人次的关键时刻。这 5000 万次的关键时刻，决定了北欧航空公司的未来，而不是少数关键人物决定一个公司的未来。

经理人员必须约束和激励现场的一线人员，包括票务人员、空服人员、行李搬运员，依靠知识系统提升感知旅客体验的能力，个个都要成为有职有权的专家，并且能在"关键时刻"主动热情地去帮助那些需要帮助的旅客，解决他们的疑难问题。

　　争夺市场的竞争一旦从产品转向服务，转向顾客的生活方式，那么企业价值创造系统的竞争力，就不仅仅取决于少数知识劳动者的才能和努力，而是取决于营销职能和创新职能上的所有人，所有"做事情"的劳动者以及他们的职业化程度和专业化水平。

　　这一点，将在互联网时代凸显出来。如果企业不懂得建立知识系统及复合的价值创造体系，进而用互联网对知识劳动者进行管理，对"做事情"的劳动者进行管理，必将打不开走向未来的大门。

7

互联网的应用

梅奥诊所的经验告诉我们，在以"做事情"的劳动者为主体的企业，必须转向人本主义的生产方式，包括改变企业的性质，使企业共同体化，从而依靠知识系统和管理体系，形成复合的价值创造体系。

凡是不能完成这个过程的企业，到了互联网时代就难有机会活下来。一些专家学者说，互联网只是一种工具。然而，就像蒸汽机发明的时候一样，很少有人知道并相信这是一种动力，一种推动产业社会发展的动力。互联网不只是一种工具，更是一种动力，一种推动产业社会发展的动力。

在互联网的架构时代，虚拟世界的连接软件之所以能迅速成为现实世界的社交平台，在于这款软件连接的不是用户数，而是具有自由意志、诉求和能量的人。

工业化以来，人们的生活和工作被分隔的太久，人们之间的关系被部门和职位或工序和岗位分隔的太久，人们之间心灵和思想上的交流被分隔的太久。社交软件把人们的心灵连接了起来，形成了不断壮大的能量聚合体，就像太阳一样熊熊燃烧，持续地进行着聚合的反应。

这也成就了拥有这类社交软件的公司迅速成为一个互联网公司，社交软件也就变成了一个超级链接器。

对企业而言，供应者和需求者之间被分隔的太久了。供求分离之后，导致的是供求背离。供求背离，让供应者和需求者都感到纠结、困惑和不安。尤其是在用产品的形式表达供应者和需求者之间的关系下，事情更是这样，彼此备受煎熬。表现为市场机制的失灵，供求之间的结构性失衡。

企业可以利用互联网这种超级连接器，把知识和管理的复合系统延伸到需求链，与数字化生存的消费人群建立联系，在知识的双向交流过程中，逐渐形成供求一体化的关系体系。

供求关系也就能彻底逆转过来，企业完全可以站在消费者的立场上，为他们的生活方式做贡献，并在特定消费人群或社区中，形成基于生活方式的品牌。

企业拥有诸多的社会资源，如人才、资产、资金、技术、知识和关系等，可以按照社区中数字化生存人群的需求，提供产品、服务以及各种生活体验。

没有互联网这种超级连接器，企业是很难与千家万户建立直接的交流关系，很难把商务活动的触角延伸到消费者的生活方式之中的。

小米公司利用互联网，成功地与"米粉"构建了相互依存和相互作用的关系，构建了供求一体化的关系体系，人们把这称为部落或社群。随着频繁的交流，以及线上线下的活动，彼此之间便形成了共同的意识。部落和社群就会成为"类生命体"的有机整体，即共同体。现如今，小米共同体的人口已经超过一亿。

小米公司与消费者社区之间的关系越来越趋紧密，在很多方面的交往，犬牙交错，互为供求。小米公司把新产品的概念开发开放给了消费者社区，吸引更多的"米粉"或发烧友参与进来，共同开发、共同抉择。

这就是人类社会普遍的交往原则——成人达己。小米公司凭借着自己的资源和知识系统，形成开发项目和计划，去成就"米粉"和发烧友对产品、对生活的追求。而"米粉"或发烧友则积极做出响应，为开发项目和计划贡献自己的知识和力量；在共同体的意识下，为产品和项目的创意提供意见和建议；或者为产品或项目获得市场优异的表现，进行义务地推广和推销等。

这是继深度分销方式之后的一种社区商务方式。这使企业更加贴近消费者，把企业内部的价值链倒转过来，指向数字化生存人群及其生活方式，即所谓市场需求导向；而且，还使企业的知识系统建立在供求一体化的关系体系上，直接从消费者的生活方式中获取信息和知识。

与此相联系，企业内部将进一步去行政化，传统意义上的行政管理部门，如财务、人事、后勤、法务、税务、信息等部门，将会随着智能化而变成一个一个插件。在去行政化的过程中，那些业务系统的参谋部门，比如调查研究部门，将会被数据分析的部门以及策划和制订方案的部门所取代。

在价值创造流程上的业务部门，形成一系列功能性团队，彼此依靠互联网连接起来，多点对多点，形成网状结构的价值创造系统。

互联网共享经济的特点，不是共享单车、共享房屋，而是共享人们的大脑，共享知识和智慧。因此，网状结构的价值创造系统连接的不仅仅是内部功能性团队，还有大量存在的外部功能性团队。

在西方社会，那些高端的知识劳动者，已经在"生活化创业"的概念下，形成了各自的专业化功能团队，服务于社会各个机构。德鲁克早就预见到这一点，认为高级知识分子是社会的资源，不属于某个特定的组织机构。考虑到互联网时代，工作和生活会重新融合，并且工作将成为生活的一个部分，事情更是这样。有家汽车公司的广告就是这么做的，工作就是业余爱好，真正的顶尖专家都是玩家。

未来将出现两个趋势：企业将共同体化；企业的管理将营销化。与此相对应，企业所联系的外部社会也将共同体化，而对社区的营销将管理化。

届时，企业以及消费者社区将形成供求一体化的关系体系，支撑这个体系运行的是营销化的管理或管理化的营销。实质就是知识与管理的复合体系，维持着供求一体化关系体系的运行。

凡此种种，在资本主义生产方式下，机器与行政相结合的复合体系是做不到的。这种机器与行政的复合体系盛行于资本主义时代，是资本创利谋富的强有力手段。仅仅依靠这种复合体系的企业，很难在互联网时代找到出路。

我们知道，生产活动领域本身将随着物联网的智能化，变成一台更大规模的机器，并以成本和费用的方式存在。"身心灵"的人类或那些"做事情"的劳动者，必将走上以知识代替人力的道路，在营销和创新的职能中抵消智能化的生产成本，创造更高的附加价值。

有一句老话：上帝的归上帝，恺撒的归恺撒。机器能干的事情，马儿就不用干了；智能机器人能干的事情，人就不用干了。随着智能网络体系的发展，人类将逐渐退出这个体系，不需要在这个体系中干活了。

由此而论，当智能机器人能够完全取代人类的时候，人类将与上帝同在。那些窥视上帝秘密的科学家认为，上帝只做一件事情，就是给浩瀚的宇宙制定规则。

话要说回来，机器人既然能够完全代替人类，就犯不着去捉弄人类或奴役人类。现如今，世界上的财富足以满足人类的需要，唯独不能满足的是人类的欲望。事实上，已经有很多人进入了深山老林，过着神仙般的日子。

8

产业发展的逻辑

纷纷扬扬的互联网"架构"的时代已经结束，现在正在开启互联网"应用"时代的大门。互联网架构强调的是连接用户，互联网本身就是一个超级链接器。这个超级链接器已经形成，接下来就是互联网的应用，互联网应用强调的是经营顾客。

互联网的应用只能从经营最终的消费者开始，只有从 B2C 出发，找到了做贡献的对象，才能实现 C2B 模式，并通过去中间化实现供求一体化，实现 C2M 模式。

任何一家企业，尤其是那些靠近消费者的企业，只要能够利用互联网的手段，把消费者组织起来，构建起一定规模的数字化生存方式的社区，就可以成为产业价值链的组织者。有了产业价值链的组织者，就可以进行整合，实现企业之间的一体化或组织，进而实现企业之间的分工，形成"从组织到分工"的产业发展逻辑。

由于产业价值链的组织者依托的是消费者数字化生存人群及其社区，因此具有对成员企业进行管理的合法性基础，并可以有效地规避巨型组织机构的垄断，以及垄断所带来的危险和危害，主要是指对竞争和创新的抑制。

其中的道理非常简单，产业价值链的组织者一旦背离消费者社区的要求，背离社区消费者生活方式及日益增长的需求和要求，就会被抛弃，就会失去合法性的基础。其他企业就有可能依靠自己的营销和创新能力，获得外在的支配力和影响力，成为产业价值链的组织者，重新构建基于产业价值链的供求一体化的关系体系，以及基于知识系统的管理复合体系。

届时，一如德鲁克所言，管理将成为产业社会不可或缺的职能。言下之意，与经世济民的经济学没太大关系。

另外，有了共同的数字化生存人群或消费者社区，产业价值链的相关企业就有了统一性，就可以构建劳动组织，进而实现劳动分工，形成企业内部"从组织到分工"的发展逻辑。

总之，以往"从分工到组织"的发展逻辑已经走到了尽头，产业社会将遵循自然道法，把颠倒了的逻辑重新颠倒过来，形成"从组织到分工"的发展逻辑。主要表现在两个层面：一是产业层面上，从企业之间的组织，到企业之间的分工；二是企业层面上，从企业内部的劳动组织，到企业内部的劳动分工。

这一切皆因供求一体化，供求一体化是人类走向未来不可阻挡的趋势，供求一体化是互联网时代正在发生的未来。

思考题

1. 什么是知识劳动者？

2. 如何对知识劳动者进行管理？

3. 如何以知识代替人力？

思考题答案

第 1 章

1. 管理因何而来?

管理是一件很古老的事情，也是一个很古老的概念。我们这里说的是企业管理，工商企业的管理。

企业的管理，因一件事情而来。这就是分工之后如何变成一个整体，表现为如何调动劳动者的积极性。具体的内涵是，劳动者按照工作的要求做对做好。

这原本是一个组织问题，是一件组织上的事情。结果阴差阳错，它变成了一件管理上的事情。发生这种差错的根本原因，是亚当·斯密的理论存在着缺陷，它强调分工，忽略组织。组织理论的问世，是 1938 年的事情。在这之前，只有分工理论。从分工理论到组织理论，中间隔了 162 年。

在这 162 年中，分工之后如何变成一个一体化的整体，主要是通过监工以及后来经理人员，依靠行政权力一起监督劳动实现的。

在美国，1850 年后情况有所改变，劳工或劳动者作为一种整体的社会力量逐渐形成，企业中有了对立统一的劳资关系。因此，人们只能在劳资关系的法律框架下，借助于管理的概念，进一步探讨分工之后如何变成一个整体的命题。

代表人物就是泰勒，代表性的成就就是科学管理。在劳资两利的基础上，通过动作研究和实践研究，科学确定工时定额。依据工时定额形成"差别计件制"及其科学管理体系。泰勒本人也因此获得了"科学管理之父"的称号。

离开了组织理论，依靠管理手段也许可以解决技术/经济的一体化，但解决不了社会/心理的一体化，无法让每一个劳工或劳动者真心实意地为企业的整体目标做贡献。必须依靠组织理论，使每一个劳工或劳动者在社会/心理层面上结成一体化的关系体系，相互依存、相互作用，共同为企业的整体目标做贡献。

从这个意义上说，历史表象给我们开了一个玩笑，企图用管理的手段去弥补组织理论的缺失。不过，在历史表象背后存在着客观而自然的法则，它终究会让人明白，只谈分工不谈组织是不行的。

分工与组织是一对概念，是一个事物的两个方面，如同阴阳，同时发生，同时存在。孤阴不生，孤阳不长。因此，在考虑劳动分工的同时，必须考虑劳动组织，使共同劳动的每一个参与者都成为企业的一个成员，形成分工一体化的关系。只有这样，才能根本上调动每一个人的劳动积极性。

当产业社会开始跨越资本主义生产阶段，转向人本主义生产阶段的时候，知识劳动者以及做事情的劳动者，逐渐成为企业的主体以及竞争力的来源。以往理论的缺陷以及组织理论的缺失就逐渐显现出来了。产业社会的发展逻辑将回归正道，企业作为一个组织机构的本质内涵将更加清晰，这就是分工一体化的关系体系。管理作为企业的一项职能，主要用于支撑分工一体化关系体系的运行，并使分工一体化关系体系的效能充分发挥出来。

2. 组织为何而来？

组织的本意就是一体化，强调的是人与人之间关系的一体化。一体化就是组织，人们在分工的基础上形成一体化的关系体系就是组织，又称组织机构，可以冠名为工厂或公司。

一个工厂或一个公司本质内涵及其特征，就是一群人形成的分工一体化的关系体系。在这个体系中，彼此相互依存、相互作用，按照共同预定的事业目标采取一致的行动。

组织，结成一体化的关系体系，是自然存在的一种形态，人类生存的基本法则，可称自然组织，或者自然形成的组织。组织是实现目标的一种手段，包括提高效率和抗拒风险。

在自然状态下，自然人群一旦聚集起来，就会有分工，有自然的分工。聚集起来的人群越大，自然的分工就越精细。自然分工的动因是，每个人都希望发挥自己的天赋和长处，在一体化关系体系中，获取个人的最大化价值。

可以说，组织是一种自然而客观的存在形态，或者一体化的关系体系是自然形成的，背后的动因是人类的天性。人类是一种喜欢并懂得群居的物种。

当分工理论开启了资本主义生产方式之后，原本应该用组织理论来解决分工之后的一体化的问题，却用了管理手段，结果不尽人意，至少杂乱无章，缺乏内在的统一性，于是就有了组织理论的问世。

我们这里所说的组织，特指组织理论，因管理而来，用于解决或解释管理的内在统一性。换言之，组织理论企图为管理提供理论基础，尤其是为管理者的行为提供理论基础。巴纳德为自己的书取名《经理人员的职能》，就表明了这一点。

说白了，组织理论只局限于"一体化"的命题，即在分工之后如何实现一体化。忽略了分工与一体化的关系，或者忽略了分工与组织的关系，这是组织理论的一个缺陷。

如果组织理论不能解决如何分工、如何按照一体化关系体系进行分工的话，就会违背自然分工的动因，即每个人都希望发挥自己的天赋与长处，在一体化关系体系中获取个人的最大化价值，就很难在企业中真正实现个性的解放，也很难使个人从工作中获得动机和成就感。

后来人们似乎达成了共识，认为管理是组织的一项职能，也就是说，经理人员的职能是在分工的基础上实现一体化。这会在多个层面上导致概念的混乱，无法形成统一的概念体系，如分工与组织、分工与管理、组织与管理、企业与组织，以及企业与管理等。

我们只能大胆设想，管理不是组织的一项职能，而是企业的一项职能。企业不等于是组织，企业是分工一体化的关系体系，管理职能支撑的是企业分工一体化的关系体系。

我们真正需要的是一种企业理论，而不是一种组织理论，指明一个企业如何构建并强化分工一体化关系体系。尤其要让企业明白，以机器代替人力或者以知识代替人力，在分工一体化的关系体系中的作用，在价值创造中的作用。然后才是一种边界清晰的管理理论，指明管理是企业的一项职能，用于激发和挖掘企业分工一体化关系体系的潜能。

尽管我们在意识形态中可以做这样的区别，然而，在实践中企业与管理两者是很难区别开来的。代表企业的高层领导阶层，往往是企业当局或管理当局的成员或领导人。这些人一方面承担着企业的责任，另一方面承担着管理的责任。我们只能说，董事会的主要职责是，构建与强化企业分工一体化的关系体系；总裁和总经理班子的主要职责是，激发或挖掘分工一体化关系体系的潜能。

3. 管理与组织有何区别与联系？

就这两个词而已，管理是管理，组织是组织，没什么分不清、摘不开的关系。当有人把"组织管理"当作一个词来用的时候，如"组织管理学"，就成为一个需要回答问题：管理与组织到底有什么区别？

在历史上，自然分工之后，参与分工的人就成了供应者，即为别人的消费而生产的人；与之相对应的就是需求者，成了供求关系，基于产品的供求关系。自然而必然的选择就是市场交易法则，交易就成了供求一体化的手段，或者说分工一体化的手段。有人把这称为市场协调的手段，协调人与人之间的分工关系和分利关系。

当生产者变成了一个群体时，通常是以血缘为纽带的家庭或家族群体，生产者不再是一个单数，而是一个复数，通常是以家庭为单位的共同体。

在共同体内部，就有了进一步的劳动分工，与此相应的，家庭就是劳动组织。由于家庭是一个自然形成的共同体，分工之后的一体化没有什么障碍，参与分工的家庭成员相互依存、相互作用，为幸福生活共同努力。

在这种共同体的基础上，每个人分工劳动的协调，并不需要依赖市场交易，大家只需要听命于一个权威人物就可以了，这个权威人物通常是家长。家长所做的事情就是管理，一种不同于市场协调的方式，可称管理协调方式。协调家庭成员之间是分工关系和分利关系。没有权威就没有管理，只能借助于市场交易，实现分工之后的一体化。

这种原始的分工一体化原理，到了工业化时代就不合适了。迟至1900年，工业化的生产企业走上了量产量销的规模化扩张的道路，生产线越来越长，劳动分工越来越精细。分工之后如何实现一体化，决定了工厂的秩序、效率和利润。

其中关键的因素就是劳动者，分工之后的一体化命题就转变为如何让劳动者做对做好。劳动力不是商品，劳动者始终拥有对劳动力的使用权。工厂主与劳动者不是共同体，是雇佣关系、交易或买卖关系。工厂主及资本所有者不是天然的权威，不具有绝对的支配力和影响力，让劳动者听话、做对做好。

泰勒的理论，一种冠名为管理的理论出现。这种理论的本质是导入市场交易法则，劳资双方回到交易的原点上，回到实质性的关系上，实行计件工资制——已完成多少个作业量和工件，计价计酬。可以说，这种管理上的协调方式，本质上是市场协调方式。市场交易的法则是，协调彼此的分工与分利关系。

由于工厂内部没有市场的价格信号，泰勒只能借助科学研究的方法，一种能被普遍接受的公正方法，来确定工时定额，确定工资支付率。

很遗憾，泰勒把事情想简单了。1900年以后的工厂已经是一个社会了，不可能借助于简单的协调手段和公式，就可以把数以万计的劳动者（包括他们的利益要求、情感诉求和人生追求）协调起来，形成一个整体，即一体化。

经过 20 多年的管理实践和理论探索，有了巴纳德的组织理论。在组织理论的引导下，形成了丰富的管理学说，并使管理成为一项职业和职能。

1938 年以前，管理作为一种手段，一种协调的手段，被直接用于分工之后的一体化，成为一种"组织"的手段。1938 年以后，组织理论取代了管理，成为分工之后一体化的指导思想，用于指导经理人员按照一体化的要求履行管理职责。

遗憾的是，现行的组织理论并没有上升到企业理论，对如何构建分工一体化的关系体系做出理论的回答。很容易让人理解为，组织理论就是管理的基本原理，似乎依据组织理论的研究成果进行管理，在企业层面上就可以实现分工的一体化。结果，把组织理论变成了管理层面上的事情，变成了一个概念，称为"组织管理"。换言之，只有组织理论上升到企业层面，"组织"与"管理"才是两个概念。

第 2 章

1. 管理是什么样的职能？

管理是一项特殊的职能，这一点往往被人所忽略，很容易把管理职能混同于其他的一般职能，如研发、生产和销售职能。

管理职能的特殊性，体现在整个企业的有序上，体现在企业方方面面的活动协调一致上；或者说，通过管理使整个企业呈现出有计划、有组织、有指挥、有协调、有控制的状态。

　　法约尔所说的管理职能的五项要素，即计划、组织、指挥、协调和控制，并不是指管理有五项职能，而是指管理作为企业的一项职能，能使企业方方面面的各项活动协调一致，呈现出应有的五种状态。

　　这种整体上的管理状态，并不取决于某个职务或某个专业职能部门是否从事计划、组织、指挥、协调和控制等专业职能工作，而是取决于统一的管理当局，以及贯穿始终的职业经理人队伍；或者说，取决于企业的管理体系。

　　管理作为一项企业的职能，它的落脚点是企业的管理体系，包括管理当局以及职业经理人队伍。是管理体系承担着企业的管理职能，确保企业方方面面的各项活动处在整体的协调状态，并且确保整个企业能够选择正确的事情去做，并且把事情做正确。

　　管理体系中的各级经理人员，并不单纯从事所谓的计划、组织、指挥、协调和控制工作。这是管理职能的五项要素，也是做成一件事情所要关注的五个环节，或者说，要遵循做事情的自然逻辑过程以及五个关键环节，所以有人把这称它为对事情的过程管理。说白了，这五项要素不是具体的职能工作，而是做好一项工作的基本要求。

　　各级经理人员有各自要承担的专业职能工作，如研发、生产和销售等，以及一个时期相对应的目标和任务。各级经理人员必须参与到企业的价值创造流程中去，必须从事具体的价值创造活动或劳动。否则，对企业来讲就是一个极大的浪费。

　　经理人员之所以也称管理人员或管理者，是因为他们能够按照管理职能的要求，出色地完成每一项具体的工作或任务，使每一项具体的工作和任务能够呈现出计划、组织、指挥、协调和控制的状态。

经理人员之所以能够做到这一点，是因为他们具有内在的管理素养。懂得做具体事情的原则以及逻辑，这就是法约尔所说的是 14 项管理原则与 5 项管理要素。

一个经理人的管理素养，在做事情的逻辑方面，懂得物有本末，事有终始，知所先后，则近道也。在做事情的原则方面，懂得人法地，地法天，天法道，道法自然。

一个经理人员如果不从事具体的工作，不承担具体的任务和责任，那么将永远不能获得管理素养。管理素养体现在具体的事情之中，通过具体的任务得到历练。诚如古人所言：心上学，事上练，达于道，合于一。

按照德鲁克的说法，卓有成效的管理者，有效性是可以学会的，这种有效性是一种技能，是在具体工作中养成的一种习惯。

在企业实践中确实存在着一些专业的职能部门，如计划制度、方案策划、人事考核等。这些专业职能部门不是管理职能部门，而是管理职能的专业辅助部门。它与其他专业职能部门的性质是一样的，与财务、会计、行政等专业职能部门没有什么区别。

2. 为什么人们给不出管理的定义？

当法约尔提出管理是一项职能之后，几乎没有人提出任何异义。

从此一锤定音，管理是企业的一项职能。

作为企业的一项专业职能或专门职能，人们自然的选择就是，确定这项职能的具体工作内涵，以及找到具体的形态或落脚点。遗憾的是，人们忽略了管理职能的特殊性，从而使管理的研究陷入了困境和误区。

由于这个困境和误区，管理学界至今无法对管理这个概念给出准确的定义。进而，无法使管理学科形成概念体系，形成内在统一性，从而成为一门成熟的学科。相反，导致管理学的研究陷入丛林乃至莽原的状态。概念纷杂，学术林立，谁都可以在管理学这块画布上乱涂乱画，从而弄得面目全非。

以至于德鲁克只能说，"管理是一个实践"。意思是，管理还不能成为一门学科，至少还不是一种科学，它还有待于我们进一步的实践。

在确定具体的管理职能工作方面，孔茨牵强附会地把法约尔有关管理职能的五项要素说成管理的五项职能工作。这就误导了后来的很多人，人们误以为企业存在着五项管理职能，而不是一项管理职能。所以，德鲁克特别强调，管理是组织机构中的一种职能，是企业机体中的一个器官。很遗憾，很多人至今依然执迷不悟，张口闭口企业管理的五项职能，即计划、组织、指挥、协调和控制。可见，孔茨的这种误导有多严重。

在寻找管理职能的形态方面，人们找不到管理职能的部门形态，只能退而求其次，希望在职务形态上找到管理职能的落脚点，结果还是落空了。人们无法确定经理人员的职能工作与管理职能有何关系。按照明茨伯格的研究及说法，经理人员的职能工作是具体的，比如社交、情报收集和决策等，与抽象的计划、组织、指挥、协调和控制无关。

也许是这个原因，法约尔只能进一步强调管理是一种素养、一种做具体事情的管理素养。这也许是正确的，至少对单个经理人员而言，管理一种素养，表现为有效做事的方式、方法和习惯。

由于人们忽略了管理职能的特殊性，并在寻找管理职能的工作内涵以及管理职能形态方面的落空，导致人们至今无法对管理进行定义。

3. 谁是管理者？

一般认为，经理人员就是管理者，就是企业管理职能的承担者。但这里有一个特定内涵的规定性，即他们在从事具体价值创造工作的同时，为企业处在计划、组织、指挥、协调和控制的管理状态做贡献。

在企业中，满足这种规定性的，不限于有头衔的经理人员，比如总工程师或总设计师，他们在规划设计价值创造流程的时候，必然要考虑时间效率或投入产出，以及各环节的协调平衡的问题，因此他们是真正的管理者。

　　反之，那些有头衔的经理人，并不一定是管理者。他们很有可能是老板的助手，这些助手通常从事的是外联活动或公关活动，与企业内部价值创造过程没有直接关系，也不需要考虑为价值创造过程的协调一致做贡献。

　　很多企业实际上就是一家公司，很多公司实际上就是一个进行买卖的贸易商。也许那些企业规模很大，利润也很多，但它们在产业价值链上所占据的长度很短。如同一个大大的薄饼，从正面看面积很大，从侧面看没什么厚度。这类企业从事的只是买卖，在价值创造上的贡献很小。可以说，在这类企业中的经理人员大多数都不是管理者。

第 3 章

1. 管理体系与行政体系的区别是什么?

　　管理体系与企业的价值创造流程相联系，用于支撑价值创造流程的正常运行，使企业分工一体化关系体系的效能充分发挥出来。

　　企业的管理体系是在价值创造流程的形成过程中发育并强化起来的。离开了价值创造流程的形成，管理体系就成了无本之木，企业就缺少内在的动因及抓手去发育管理体系。

　　一个企业转向顾客导向，形成顾客导向的价值创造流程，依靠价格创造流程来满足顾客的需求，包括提高响应的速度和适应变化的能力，只有在这种情况下，企业也才有可能从根本上摆脱资本所有权及资本逻辑的影响，回归企业的本质。

在这种情况下，企业才有可能从行政当局及行政权力体系中摆脱出来，发挥职业经理人的专业才能及管理素养，并驱使他们按照顾客的需求，选择正确的事情去做，并把事情做正确。只有这样，顾客导向才不会是一句空话，才不会是一种道德的选择，而是关乎企业生死存亡的事情，以及必须遵循的经济原则。

在现有的社会制度安排下，企业通常遵循的是资本的逻辑，企业当局的实质是行政当局而不是管理当局，与此相联系的是行政管理体系或行政权力系统。行政权力的来源是资本所有权，体现的是资本所有者的意志与追求。顾客的需求是派生出来的，满足顾客的需求是有前提的，必须满足资本所有者挣钱的要求。

下辖经理人员权力的合法性基础，是行政当局的任命，任何违背行政当局的指令或意图，都意味着有被解雇的危险。满足顾客需求，必须在扩大销售收入的前提下进行。因此，忽悠或操纵顾客的需求，往往成为扩大销售速度的手段，美其名曰营销。

极端地说，如果企业是一个从事买卖的公司，企业内部的价值创造的流程很短，企业内部的管理体系是很难发育出来的，也不需要发育出来，不需要把数以万计的人的活动协调起来统一于目标顾客群。

需要的只是依靠资本的逻辑，驱使更多的人到市场上去寻找交易的机会。驱使的基本策略有两条。一是，把利益的杠杆向职业经理人倾斜，让他们为行政当局卖命，努力驱使更多的人去寻找交易的机会，所谓盯跟催或监督劳动。那些所谓的职业经理人，其实就是行政等级体系中的一个官僚，他们的职业志趣就是领会上级的意图，努力完成业绩指标。等价交换的原则是，努力提高自己的身价，向行政等级体系上级攀登，向行政权力中心靠拢。

二是，导入市场交易法则，驱使更多的人去完成高绩效。完成多少交易额，就提取多少奖金；完不成业绩指标，就扣工资：扣奖金，乃至辞退。计件工资的做法差不多，与泰勒的科学管理原理及制度差不多。

2. 行政体系如何向管理体系转变？

企业是一个价值创造的体系，核心内涵应该是价值创造流程。这个价值创造体系越庞大，价值创造流程越长，就越需要管理体系来支撑。通过计划、组织、指挥、协调和控制，才能把价值链的各个环节和每个人的工作活动协调起来，形成一个整体，指向最终的目标顾客群。

这是不以人的意志为转移的，也不以所有者的意志为转移的。企业要想构建管理体系，就必须从价值创造的流程入手，否则，只能延续传统的行政体系。随着企业规模的扩大，行政权力体系的层级增多，组织机构的架屋叠床，以及权力体系的官僚化，混乱、无序、失效乃至失败，终将难以避免。

一般而言，企业从一开始，即从 0 到 1 的创业期，就必须致力于价值创造流程的发育。随着企业事业的发展以及规模的增长，企业就能不断深化与目标顾客群的关系，有关顾客的知识及经验数据库就会不断地丰富起来，内在的价值创造流程就能自然通过，企业的组织结构就会流程化或扁平化。

大多数企业很难像华为那样，17万人聚集在一条价值链上从事价值创造活动。大多数企业，为了避免失效，避免分工分利上的麻烦，只能划小核算单位，不断对企业进行分解。几年之后，分解出成百上千个子公司。用不了多久，各个分子公司之间就失去了内在的联系，彻底丧失价值创造过程的统一性，美其名曰企业集团。

也就是说，如果企业从一开始就不关注价值创造流程的建设的话，越到后来就会越麻烦，最终有可能失去构建价值创造流程的可能性。至少要付出很大的代价，花很大的精力。

从这个意义上说，行政体系向管理体系转变的关键是企业当局的觉悟，企业尽早关注价值创造流程的构建，并使自己完成从行政当局向管理当局转变。

3. 企业家和商人有什么区别？

企业本质上是觉悟者的事业，要做成任何一项事业，尤其是创造价值的事业，都离不开人的觉悟。例如，成就他人，便是成就自己。

尽管我们很多企业都冠名公司，然而，很多公司其实不是企业，只是一个做买卖的机构，公司的老板也不是企业家，只是一个商人。

中国自古至今只有生意经，少有价值创造的事业理论，少有觉悟了的企业家，少有梅奥兄弟这样的企业家。

从事商业买卖，成为一名商人，并不是一件丢人的事，相反，是一件值得称道的事情。只是我们需要知道，企业家与商人是两回事，企业家得以安身立命的是价值创造的体系，需要相应的觉悟和事业理论。

在产业化历史的早期，真正称得上企业家的代表人物是亨利·福特，代表的企业是福特公司。

在福特之前，有许多了不起的人物，如钢铁大王卡内基、石油大王洛克菲勒、烟草大王杜克，以及金融巨头摩根等，但他们更像是懂得资本运作的商人。他们所领导的公司，都是依靠资本积聚和集中的杠杆，谋求时间和空间上的好处而发展起来的。

按照中国古人的话说，袖长善舞，多钱善贾。其中最重要的手法就是通过整合，实现一体化运营，提高整体运营的效率，减少各个环节的浪费。例如，钢铁大王卡内基看到了钢铁应用的市场潜力，尤其是在铁路和建筑领域应用的前景，于是借助于资本集中和积聚的杠杆，对钢铁业进行了整合。这种整合有两方面的好处：一是把采矿、炼铁、炼钢和型材各个环节连接起来，获取一体化运营的好处；二是通过市场的垄断，获取规模经济的好处。

与这些大亨不同，福特是第一个懂得依靠工业技术基础，依靠技术代替人力构建价值创造体系的人。

福特花了 12 年时间，于 1908 年开发出 T 型汽车；又花了 5 年时间，于 1913 年在 T 型汽车上实现了固定流水生产方式。用他自己的话说，工业技术的潜力是无限的。

他对资本市场是存有疑虑的，认为资本只是一种生产要素，只有通过物质财富的创造过程，才能产生利润。他认为那些资本所有者，还有银行家，一开口就要固定的回报，是没有道理的。投资人或出资者必须与创业者一起，共担风险，共享利益，不能索取固定的利率。因此，他并不热衷于资本市场的游戏。

在他看来，规模经济并不是由资本金带来的，而是由技术的进步带来的。没有强大的工业技术基础，就不可能盖起高楼大厦，要做的是降低单位面积的成本，提高单位面积的利润。

第 4 章

1. 管理为什么需要层次?

谁都知道管理阶层是有层次的，一般分为高层、中层和基层。那么，管理层次是怎么来的呢?

有人从现象形态入手，认为管理层次与管理的幅度有关。每个管理者所能管的人数是有限的，比如七个人。随着人员的增加，管理的层次就会增加。也就是说，管理的幅度与管理的层次是相对应的。

从本质上说，管理的层次与管理的任务有关，进而与管理任务的分担（即分工）有关。管理的任务大体可以分为三类：使企业有前途；使系统有效率；使员工有成就。

这三类任务的复杂性程度是不同的，需要的才能、道德情操及量级也是不同的。按照西蒙的说法，企业的领导阶层必须是一个道义集团。并且，各类任务完成的如何以及完成与否，造成的后果及影响也是不同的。有些只影响到个人及现实，有些就会影响到全局及未来。

因此，管理在层次上就有了等级，分为高层管理、中层管理和基层管理，并且形成了自上而下的结构及统合关系、内在的一致性或统一性。

这种上下的统合关系与现实并不矛盾。在现实中，管理权是由所有权派生出来的，管理阶层必须体现所有者的意志，形成上位决策、下位执行的结构性关系，至少在企业形成的早期是这样。

高层管理的任务就是使企业有前途，中层管理的任务就是使系统有效率，基层管理的任务就是使员工有成就。

按照不同层管理层次的要求及任务来选拔经理人员是合理的。并且，每个经理人都应该在自己的管理层次上脚踏实地，成为各个层次上的行家里手。按照古人的思想，唯上智和下愚不移，经理人员坚守在各个管理层次上，也是合理的。

原则上，企业应该让各级经理人员在所在的管理层次上坚守本行、恪尽职守。所在的管理层次，就是各个经理人的专业领域与职责。每个经理人必须准备好，在所在的管理层次上获得并体验到成就感，达到职业生涯的高深境界。

一般而言，一个经理人要想成为行家里手，并在各自的领域中获得成就感，必须经过一二十年的持续努力。因此，在管理上，我们必须强调经理人的职业化和专业化程度，以及在管理层面上停留的年头和积累的经验。

必须严格划清三个管理层次的界线，阻断三个管理层次之间的自然晋升通道，避免在管理体系的纵向结构中，形成自上而下的山头和圈子。不断强化每个管理层次上专业化和职业化的水准，以及一体化的程度。

当经理人员阶层破除了官本位的等级思想与攀附权位的企图心之后，各个管理层次的横向合作就会变得容易，企业当局就有机会引导各级经理人员转移兴趣，在坚守本职工作中实现自我价值和人生价值，获得成长和成就的感觉，以及相应的物质利益。

各级经理人员在不同的管理层次上的精诚合作，是企业创造并获取价值的源泉所在。所谓干部，是决定的因素。否则，尔虞我诈、虚与委蛇、弄虚作假、欺上瞒下，就不可避免地使企业退化为一个争权夺利的场所。

在经理人员职务晋升的等级阶梯上，必须划清高层、中层和基层管理职务的界线。各个管理层次选拔经理人员，都需要设定严格的管理制度，并制定相应的机构按严格的程序进行审议决策。

2. 高层管理的任务是什么？

在实践中，高层管理阶层通常称高管团队或高层领导。它包含两个层次：一个是董事会；另一个是负责日常经营与管理的执行委员会，由执行总裁和若干名执行副总裁组成。

因此，高层管理的任务为使企业有前途，它应该包含两个层面上的事情：一个是企业或分工一体化关系体系层面上的事情；另一个是管理层面上的事情。

董事会的任务主要集中在企业层面上，即构建和深化分工一体化的关系体系。董事会是企业的代表机构，一切权力归董事会所有。因此，必须围绕着建立健全分工一体化的关系体系，制定根本大法，包括确定企业的性质、宗旨、使命和战略等。

执行委员会（简称"执委会"）的任务主要集中在经营和管理层面上，激发和挖掘企业分工一体化关系体系的潜能。按照德鲁克的说法就是，提高绩效，用同样的资源创造出不一样的价值或价值再发现，以及培养后继的经理人才。

从这个意义上说，对分工一体化关系体系赋能，是企业层面上的事情，是董事会的任务和职责。管理以及执委会层面上的任务和职责，充其量只能是激发和挖掘分工一体化关系体系的潜能。

换言之，董事会是赋能的机构，执委会是挖潜的机构。一般而言，企业老板及董事会赋予企业以生命和潜能。就像人体一样，生命的元气或气数是先天的，管理上的努力充其量可以使一个人颐养天年，避免夭折，避免死于无知或意外。

管理只是企业生命体的一个器官，器官是不能决定生命体的寿命和潜能的，是不能对生命体进行赋能的。

梅奥诊所之所以能够历经百年而不衰，成为美国医疗行业首屈一指的企业，根本的原因是企业领导人的觉悟，以及在企业制度变革上所做的决策。从而，使梅奥诊所的分工一体化关系体系改变了性质，成为全体医务工作人员的共同体，包括利益共同体、事业共同体和命运共同体。

3. 如何才能使管理变得简约？

如果一个企业能进行制度创新或变革，转变为一个共同体，那么管理就会变得简约而不简单。

长期以来，我们一直沿着泰勒的思维逻辑在进行管理，一直停留在技术/经济层面上，依靠管理的手段，实现分工后的一体化；没有上升到社会/心理层面上，依靠企业及其根本大法，构建人员之间的一体化的关系体系。结果使管理的各种说法以及方式方法日趋复杂且成效甚微。

100多年前，梅奥诊所的领导者下决心放弃股权，放弃资本的利得，从而使企业变成了一个非营利组织并获得了旺盛的生命活力。

在梅奥兄弟看来，企业本应该是一个非营利组织，不应该是一个以盈利为目的的机构。尤其是企业的领导层，不能把企业当作谋取个人私利的手段，而应该成为全体医务工作人员赖以生存和发展的平台。

这种非营利性机构并不是一个不挣钱或赔钱的机构；相反，它是一个很挣钱的机构，一个能够按照战略及顾客的需求进行持续投入的机构，投资于以机器代替人力的机器系统，投资于以知识代替人力的知识系统。它依靠机器系统和知识系统创造更高的附加价值，为全体医务工作人员谋取更体面的生活。

梅奥诊所的这种企业制度的创新和变革并不复杂，只需要领导者有觉悟就可以。这种觉悟从根本上唤醒了全体医务工作人员的热情，大大降低了传统管理的复杂性，尤其是有关人员的管理，如价值评价、价值分配和价值创造上的复杂性，减少了由此发生的资源、力量和精力的投入。

此外，还大大提高了全体人员参与管理的自觉性。梅奥诊所的所有 80 多个委员会，吸纳了无数医务工作人员参与到医务工作方方面面的管理活动之中，从而使管理不再是全体医务工作人员的一己力量，而是把企业建设成一个美好家园的职能。

第 5 章

1. 战略导向与业绩导向的区别是什么？

战略导向是顾客利益导向，强调在一个时期为顾客提供什么价值，或者给顾客提供什么样的体验。业绩导向是企业利益导向，强调的是销售业绩，或是企业的财务指标。这是两者的主要区别。

战略导向或业绩导向都是企业层面上的事情。它反映的是在企业层面上，究竟是资本的逻辑在主导企业的发展，还是企业的逻辑在主导企业的发展。

说到底，反映的是企业的性质，企业存在的价值和理由究竟是资本还是顾客。换言之，企业究竟是为资本所有者打工或谋利，还是为顾客创造价值。

在企业创业的初期，往往需要融资，吸纳投资者，资本的逻辑自然就进入了企业。如果投资者没有长期持有的打算，强调短期套利的话，那么资本的逻辑和企业的就很难协调起来，弄不好资本就会绑架企业。

如果企业的领导层也想通过资本的高杠杆获取个人私利，想借助资本市场的力量将企业包装上市，通过企业的估值来获取个人私利，事情更是如此。这就是所谓羊毛出在猪身上狗买单，玩的是击鼓传花的游戏。

在资本逻辑的影响下，企业很难一心一意通过管理，依靠组织的力量，来获得自身存在的价值和理由；很难依靠全体员工的力量，构建分工一体化的关系体系，全力以赴依靠管理打造价值创造流程。

企业的逻辑就会逐渐失去力量，所做的事情就会越来越表面化，从创造价值获取利益，转向通过抓取订单创造业绩，一步一步走向业绩导向的道路。

这类企业的战略表述也是自我利益导向的，比如"500 大""500 强""500 年"。号召全体员工去创造业绩，并让全体员工相信，只要保持业绩的增长速度，就能跻身于中国乃至世界一流企业之列。

在这种氛围中，一夜暴富的神话被广为传颂，让人误以为发财致富是一个简单的逻辑，而不是一种艰苦的努力。最终的结果是，编故事的人越来越多，做噩梦的人也越来越多。

2. 战略导向与管理是什么关系？

战略是企业层面上的事，战略导向是管理层面上的事。对管理层而言，战略导向就是按照战略的要求，选择正确的事情去做，并把事情做正确。

在企业层面上，在董事会层面上，战略只是一种追求和构想，在梅奥诊所领导人的脑子里，就是将罗切斯特发展成为医疗中心。

在管理层面上，要努力把企业的长处引导到顾客的需求上去。没有独特的长处，就要全力以赴去培育，没有需求，就要创造顾客，并使长处和需求建立联系，形成相互强化的良性关系。说白了，战略导向就是按战略要求去做事情，选择对路的事情去做。

毫无疑问，对路的事情必须满足两个条件，短期必须见利见效，长期具有战略意义。战略绝不做未来的事情，而是要使现实的事情变得具有战略意义。

借用古人的思维就是，从大处着眼，小处入手，假以时日，循序渐进，走出一个未来的战略大模样。说白了，选择什么样的事情去做，以及用什么样的思维和方法去做才是重要的。

管理层必须完成思考，包括做什么、怎么做、从哪儿做到哪儿、到什么程度是合适的、直接交给谁去做等。

战略是把企业的长处引导到顾客的需求上去。因此，追求长期的战略状态与完成当期的销售业绩并不矛盾。相反，两者相辅相成，战略导向可以持续提高企业创造价值的能力，从而带来持续增长的销售业绩。

这就取决于执委会或总裁班子的思维规模和心智模式，在成败的关键上下工夫，寻找到正确的事情去做。所谓正确的事情，不仅能充分发挥自己的长处，并且能使自己的长处得到强化。从而给顾客带来更高的价值或更高的价值体验。按照市场经济等价交换的原则，企业也能获取相应的利益，使各项财务指标有出色的表现。

找到正确的事情之后，执委会或总裁班子必须完成思考，形成所谓的行动方案，形成公司级的 KPI。公司级的 KPI，是用以检验整个公司是否处在战略推进状态的指标。然后按照行动方案，把各项任务分解到相关部门、相关职务的担当者。要注意，重要的是任务分解，而不是指标分解。

为了监督各部门是否按照整体的行动方案在做事情，以及各个部门的行动是否协调一致，就必须设定相应的业绩指标，这就是部门级的 KPI。部门级的 KPI，用于检验各部门是否处在战略协同的状态。

各部门必须以计划以及行动方案的方式，对执委会或总裁班子下达的任务做出承诺，以便使自己的计划及行动方案与部门的行动方案衔接起来。执委会或总裁班子就可以据此设定部门级的 KPI。

各部门还必须依据战略任务以及计划与行动方案，对部门内每个人及其所承担的工作任务，包括例常性的和事务性的工作任务，进行调整和整合，与战略任务配合起来，使之在时间上和空间上保持与战略的一致性。一句话，企业中的所有事情都要围绕这一时期的战略任务展开。

在企业的战略导向上，要么彻底成功，要么彻底失败，没有中间的道路可言。

最后才是个人级的 KPI。个人级的 KPI，用以检验每个人是否处在工作状态。

KPI 是检验指标，而不是目标任务，不是用于激励或交易的绩效指标，而是用于检验公司的战略状态、部门间的协同状态及个人的工作状态，以便及时发现偏差，纠正偏差。KPI 是一种管理的工具或手段。

3. 业绩导向与管理是什么关系？

可以说，业绩导向与管理没有任何关系。说有关系，也只是基于市场交易法则的激励杠杆＋经理人员的盯跟催。

如果企业走上了业绩导向的道路，就会失去做事情的内在统一性。具有内在统一性的事情，只能从战略任务中派生出来。

一个时期的战略任务，是指向企业整体战略方向以及要达到的战略状态，包括不断强化企业创造价值的整体能力，成为能够为顾客持续做贡献的领先企业。换言之，如果没有内在统一性的事情，企业的价值创造能力就不能持续提高，也不能为顾客持续做贡献。

如此一来，管理上的两句话就落空了，无法从总体上选择正确的事情去做，把事情做正确。管理在这样的企业中也就没有落脚之处，变的可有可无、无足轻重。更多的是八仙过海、各显神通。业绩指标KPI 也就成了一种激励的杠杆，一种基于市场交易法则的激励杠杆，驱使经理人员去寻找更多的成交机会。选择正确的事情去做，就是捕捉生意机会；把事情做正确，就是完成交易。

为了驱使更多的人去完成财务业绩指标 KPI，就必须把利益的杠杆向经理人阶层倾斜，通过他们去驱使更多的人努力完成业绩指标，俗称盯跟催，这与泰勒以来的计件工资制及监督劳动没什么本质区别。美其名曰科学管理，实质上就是以包代管，以承包代替管理，与时俱进的只是名称——绩效工资制与绩效管理。

第6章

1. 什么是知识劳动者？

知识劳动者或脑力劳动者的概念，很有可能是从体力劳动者的概念中推导出来的。体力劳动者的概念来自经济学，经济学强调劳动力是商品，劳动者是出卖体力或劳动力商品的人。体力劳动者的概念，实际上是一个贬义词。

体力劳动者这个概念是错的，由此推导出来的脑力劳动者或知识劳动者的概念也是不准确的，不符合现状，不符合企业的管理实践。合乎企业管理现状的概念应该是，"做物品"的劳动者与"做事情"的劳动者。因此，知识劳动者或脑力劳动者的概念，应该改为"做事情"的劳动者。

退一万步说，生而为人就有脑子，脑子是用来装知识的。有脑子就会有知识，就会应用知识进行思考，没有人只使用力气，不动脑子的。只是在资本主义生产方式下，企业关注的是用机器代替人力，要求每个劳动者按照机器的要求做对做好，强调的是雇用人的双手，而不是雇用人的大脑。尽可能按照机器的要求做对做好，强调的是人的工作动机，强调的是人的执行力，人的行为的规范化、简单化和熟练程度，而不是人的主动性和创造性，不是人格和天赋的发挥，更不是人的自由意志的发展和发挥。

资本主义生产方式依靠机器系统，依靠资本的力量提高了资本的有机构成，提高了劳动生产效率，提高了物质财富创造的能力，结果却使自身走到了尽头。这是不争的事实，只是很多企业当局不想承认这个事实，不认为资本主义生产方式已经走到了尽头。人们还是希望重复着过去的方式，依靠机器系统的力量，把人变成傻瓜化的打工者，继续着资本创富的美梦。

企业的竞争力已经跨越了生产活动领域，延伸到了商务活动领域和技术活动领域。生产及机器系统已不再是强有力的竞争武器，生产只是成本，营销和创新才是创造价值的职能。随着供求关系的逆转，消费者主导市场地位的确立，很多企业已经从"卖产品"转向了"卖服务"。也就是说，那些"做物品"的劳动者，在价值创造中的作用越来越低，尤其比起智能化的机器来说，更是这样。

那些"做事情"的劳动者，在价值创造中的作用越来越高。关键是他们所做的事情，是很难用机器代替的。他们判断问题的智慧、他们服务顾客的热情，是很难用机器代替的。他们的智慧和热情，往往与知识的多少没有关系，不能用知识劳动者的概念加以概括，更不能用体力劳动者的概念加以概括。他们与以往劳动者的本质区别在于，一个是"做物品"，另一个是"做事情"。

所以，我们应该用"做事情"劳动者的概念，代替脑力劳动者或知识劳动者的概念。并用"做物品"劳动者的概念，代替体力劳动者的概念，使劳动者的概念更加贴近企业管理实践。

2. 如何对知识劳动者进行管理？

德鲁克曾经断言，我们已经学会了对体力劳动者的管理，却没有学会对脑力劳动者或知识劳动者的管理。

这里进一步的问题是，我们在何种意义上学会了对体力劳动者的管理，德鲁克没有明说。也许这是显而易见的，企业的生产效能成倍的提高。

生产效能是如何成倍提高的呢？那是以机器代替人力的生产系统带来的。与之相联系的是，通过管理，依靠标准化和规范化的手段，工作变得简单，劳动者如何做工作变得简单。一句话，使劳动者变成机器的一个组成部分。

由于劳动者是劳动力的最终使用者，劳动者在获取工资的同时，并没有真正让渡劳动力的使用权。如何使劳动者按照机器的要求以及工作的规范做好做对，包括保持工作的热情，出工又出力，就必须对劳动者本人进行激励，这是泰勒式管理的范畴。

于是，管理学就向经济学学习，经济学科一度成为管理学科的一级学科。导入市场交易的法则，对每个工序的劳动成果进行定量计价，所用的管理学概念，就是工时定额以及计件工资制。

我们学会了对体力劳动者的管理，即把劳动者的劳动成果当作市场交易的商品，对劳动成果也就是物品，按时按质按量进行计价，计价也就是固定工资支付率。也就是现在管理学所说的，按实际贡献支付工资，调动劳动者的工作动机和工作热情。

从管理的角度说，就是抓住体力劳动者做出的劳动成果或物品这个环节，激励和约束体力劳动者努力为企业的整体利润目标做贡献。所以，从管理的角度说，体力劳动者应该改为"做物品"的劳动者。

为什么我们没有学会对知识劳动者的管理？因为知识劳动者还有很多从事于服务的劳动者，他们的劳动成果无法物化为"物品"，他们的价值贡献无法体现在"物品"上，无法体现在可以计量的"物品"上，他们是一群"做事情"的劳动者。

泰勒的那套科学管理的办法，显然是用不上了。尽管如此，还是有很多管理工作者努力沿着过去的管理思路去解决这个问题，想出了 KPI、绩效管理与绩效工资制这样的东西，可以说，不尽人意、不得要领。

德鲁克说了，知识劳动者或"做事情"劳动者本质上是自我引导的，也就是说，不可能通过"物品"按质论价展开管理的。德鲁克给出的解决方案是，使管理者自身有效，而不是有效管理他人。强调管理者的职责是，选择正确的事情去做，并把事情做正确。他还给出了一系列的方式方法，包括时间管理、用人所长、成果导向、要事优先，以及有效决策的方式方法等。

毫无疑问，德鲁克的这些思想和方法都是正确的，也能大大提高管理的有效性。但这里面存在着深层次的问题，即管理者这样做的合法性的基础是什么？处在高度分散状态下的管理者以及广大"做事情"劳动者的行为是否具有内在的统一性？

深层次问题的解决只有一种途径，进行企业制度的创新和变革，使企业成为一个劳动者的共同体，从而建立起顾客导向的知识系统及经验数据库。

3. 如何以知识代替人力？

从培根起，人们就懂得了知识就是力量，到今天，知识经济时代已来临，人们更加确信知识是创造财富或价值的源泉。凡此种种，说法很多，但有关知识如何产生力量，还没有达成共识。

值得深入探讨的是德鲁克说过的话，"以知识代替人力"。因为以往的时代，在资本主义生产方式下，强调的是以机器代替人力，或者以自然力代替人力，依靠机器系统，提高创造财富与价值的效能。

在今天的互联网时代，从逻辑上说，应该是以知识代替人力。依靠知识系统及经验数据库，提高创造财富和价值的效能。

谁都说，可以利用互联网实现共享经济，拓展共享经济的范围，比如共享单车。没有互联网，想都不敢想。

不过，互联网的潜能是共享大脑，共享人的知识、经验和智慧。通过互联网可以跨越时空、地域、组织机构的边界，以及历史长河的阻隔，降低成本费用上的负担，共享人的大脑。

随着企业之间的竞争从生产活动领域扩展到商务活动领域和技术活动领域，"做事情"的劳动者将成了企业中的主体。这自然带来一个问题，他们创造财富或价值的效能，将通过什么方式提高，依靠什么手段获得？

过去，在资本主义生产方式下，企业是通过构建"机器系统"，来提高创造财富和价值的效能，即以机器代替人力；现在，自然的选择是，企业应该通过构建"知识系统"及数据库，来提高创造财富和价值的效能。

与此相对应，企业通过行政手段，让劳动者服从于机器系统的要求，将事情做对、做好、做到位。在机器的运行体系中，尽可能抑制人的天赋、主动性和创造性，强调人的体能以及使用体能的意愿。

转向知识系统的时候，企业就应该充分发挥人的天赋，主动性和创造性。管理层就要利用互联网的手段，建立健全企业的知识系统以及经验数据库，让每个"做事情"的劳动者，包括知识劳动者和服务劳动者，能够依靠知识系统，构建起学习型社区。

在这个学习型社区中，相互沟通，相互启迪，共享大脑。在持续交流知识、经验和智慧的过程中，拓展思维规模，强化心智模式。

诚如德鲁克所说，管理者就能随之转变角色，从过去行政等级体系中的官僚，成为工作团队中的同僚、同事或伙伴。在企业的知识系统及经验数据库的引导下，管理者发挥自己的聪明才智，帮助团队选择正确的事情去做，并把事情做正确，更有效地完成企业下达的任务及业绩指标。一人得道，大家升天，从而提高企业整体创造价值的效能。

可以说，以知识代替人力的生产方式或价值创造方式，是以激活个性为特征的，激活个性的天赋、创造性和主动性，不同于以往的资本主义生产方式。因此，可以将其命名为"人本主义的生产方式"。

后　记

企业是什么？

企业就是分工一体化的关系体系。

管理是什么？

管理就是构建并深化分工一体化关系体系的职能。

写《企业的本质》和《管理的本质》这两本书的目的，不是想得出这两个结论，何况这两个结论并不重要。这两本书以及《营销的本质》的出版对我本人很重要，我的使命完成了，这回真的可以退休了。

这几本书的完成，对"包子堂"的伙伴们也是一件非常重要的事情，他们一直期待着，非常确信我能。究竟能写成什么样子？谁也不知道。要不是他们的厚爱与期待，下辈子也未必能完成。

非常感谢包子堂的研发团队，感谢张林先、孙伟、郝剑青、肖岚、Stefan Zimmermann，他们提供了很多帮助，诸如案例研究、观点与措辞质疑，并且一遍又一遍地审阅稿件。

非常感谢包子堂的伙伴们，感谢何明强、陈会杰、熊壮、赵士宏、韩勇、李庆、郑坤、杨馥嘉、王颖、高建明、林素梅、卢向明、吕亚玲、付东、刘丽莎。

最后，要感谢我的妻子郝慧娟，她一直承担着家里几乎所有的事情。

包政

2018 年 1 月 3 日

参 考 文 献

[1] 弗雷德里克·泰勒. 科学管理原理 [M]. 马风才, 译. 北京: 机械工业出版社, 2007.

[2] 亨利·法约尔. 工业管理与一般管理 [M]. 迟力耕, 张璇, 译. 北京: 机械工业出版社, 2007.

[3] 切斯特·巴纳德. 经理人员的职能 [M]. 王永贵, 译. 北京: 机械工业出版社, 2007.

[4] 彼得·德鲁克. 管理: 使命、责任、实务 [M]. 王永贵, 译. 北京: 机械工业出版社, 2006.

[5] 彼得·德鲁克. 卓有成效的管理者 [M]. 许是祥, 译. 北京: 机械工业出版社, 2009.

[6] 赫伯特 A 西蒙. 管理行为 [M]. 詹正茂, 译. 北京: 机械工业出版社, 2004.

[7] 安迪·格鲁夫. 给经理人的第一课 [M]. 巫宗融, 译. 北京: 中信出版社, 2007.

[8] 亨利·明茨伯格. 管理者而非 MBA [M]. 杨斌, 译. 北京: 机械工业出版社, 2005.

[9] 亚当·斯密. 国富论 [M]. 唐日松, 等译. 北京: 华夏出版社, 2005.

"日本经营之圣"稻盛和夫经营实录
（共6卷）

跨越世纪的演讲实录，见证经营之圣的成功之路

书号	书名	作者
9787111570790	赌在技术开发上	【日】稻盛和夫
9787111570165	利他的经营哲学	【日】稻盛和夫
9787111570813	企业成长战略	【日】稻盛和夫
9787111593256	卓越企业的经营手法	【日】稻盛和夫
9787111591849	企业家精神	【日】稻盛和夫
9787111592389	企业经营的真谛	【日】稻盛和夫

最新版

"日本经营之圣"稻盛和夫经营学系列

任正非、张瑞敏、孙正义、俞敏洪、陈春花、杨国安　联袂推荐

序号	书号	书名	作者
1	9787111635574	干法	【日】稻盛和夫
2	9787111590095	干法（口袋版）	【日】稻盛和夫
3	9787111599531	干法（图解版）	【日】稻盛和夫
4	9787111498247	干法（精装）	【日】稻盛和夫
5	9787111470250	领导者的资质	【日】稻盛和夫
6	9787111634386	领导者的资质（口袋版）	【日】稻盛和夫
7	9787111502197	阿米巴经营（实战篇）	【日】森田直行
8	9787111489146	调动员工积极性的七个关键	【日】稻盛和夫
9	9787111546382	敬天爱人：从零开始的挑战	【日】稻盛和夫
10	9787111542964	匠人匠心：愚直的坚持	【日】稻盛和夫 山中伸弥
11	9787111572121	稻盛和夫谈经营：创造高收益与商业拓展	【日】稻盛和夫
12	9787111572138	稻盛和夫谈经营：人才培养与企业传承	【日】稻盛和夫
13	9787111590934	稻盛和夫经营学	【日】稻盛和夫
14	9787111631576	稻盛和夫经营学（口袋版）	【日】稻盛和夫
15	9787111596363	稻盛和夫哲学精要	【日】稻盛和夫
16	9787111593034	稻盛哲学为什么激励人：擅用脑科学，带出好团队	【日】岩崎一郎
17	9787111510215	拯救人类的哲学	【日】稻盛和夫 梅原猛
18	9787111642619	六项精进实践	【日】村田忠嗣
19	9787111616856	经营十二条实践	【日】村田忠嗣
20	9787111679622	会计七原则实践	【日】村田忠嗣
21	9787111666547	信任员工：用爱经营，构筑信赖的伙伴关系	【日】宫田博文
22	9787111639992	与万物共生：低碳社会的发展观	【日】稻盛和夫
23	9787111660767	与自然和谐：低碳社会的环境观	【日】稻盛和夫
24	9787111705710	稻盛和夫如是说	【日】稻盛和夫